Schwarzes Lächeln Senegal

Imgard B. Perfahl

Schwarzes Lächeln Senegal

Zweite Auflage

gnv Gunter Narr Verlag Tübingen

Die Deutsche Bibliothek – CIP-Einheitsaufnahme

Perfahl, Irmgard B.:
Schwarzes Lächeln Senegal / Irmgard B. Perfahl. – 2., unveränd. Aufl. –
Tübingen : Narr, 2002
ISBN 3-87808-202-9

2., unveränderte Auflage 2002
1. Auflage 1984

Dischingerweg 5 · D-72070 Tübingen

Gedruckt auf chlorfrei gebleichtem und säurefreiem Werkdruckpapier.

Internet: http://www.narr.de
E-Mail: info@narr.de

Laupp & Göbel, Nehren
Verarbeitung: Nädele, Nehren
Printed in Germany

ISBN 3-87808-202-9

»Im Gegensatz zu der Hautfarbe der Europäer ist ihre Geschichte düster. Wenn wir schwarzen Afrikaner einmal unsere Geschichte erforscht und gefunden haben werden, werden wir sie hell hämmern und schmücken. Wie eine goldene Monstranz soll sie in unsere Zukunft strahlen.«

Ein senegalesischer Lehrer

Das schwarze Afrika lacht, sagen Manche, wir dagegen haben nichts zu lachen. Das schwarze Afrika lacht, denn es hat wenig Sinn für die Bedrohung des Lebens. Wir dagegen müssen um alles zittern, was wir uns aufgebaut haben, wir sind Spielbälle unserer Errungenschaften, was machen wir, wenn das Stromnetz reißt, und zwar nicht nur an einer Stelle, leicht flickbar, sondern an vielen Stellen zugleich, so daß man mit den Reparaturen nicht nachkommt, was machen wir, wenn die Risse sich vergrößern und die losen Enden nicht mehr zu fassen sind, was machen wir, wenn schließlich das zerfetzte Stromnetz davonfliegt und im Himmel verschwindet und wir im Finstern sitzen, was machen wir, wenn unsere Züge nicht mehr rollen und unsere Lebensmittelversorgung zusammenbricht? Auf das Rote Kreuz warten? Hoffen, daß tausend Hubschrauber über unseren Köpfen knattern und uns Lebensmittel herunterwerfen, die sie in einem fernen Schlaraffenland geholt haben? Nein, wir lassen es nicht so weit kommen, wir sind geübt im Verhindern derartiger Eventualitäten, wir sorgen für möglichst reibungsloses Funktionieren. Wir? Nun ja, ich sage wir, ich sage nicht: ich und sage nicht: Einige von uns; denn das abendländische Denken, hat man uns beigebracht, besteht darin, in vielen Besonderheiten das ihnen Gemeinsame zu entdecken, ich sage also: wir; wir sind im Ganzen genommen Vorsorge- und also zukunftsorientierte Menschen und nicht einmal, wenn einer von uns an der Vergangenheit interessiert und beispielsweise Denkmalschützer ist, widerspricht er dem Vorsorge- und Thesaurierungsprinzip allzu heftig. Zwar hat er mit Lebensmittel- und Sachbeschaffung nichts im Sinn und auch das Stromnetz interessiert ihn nur mäßig und hauptsächlich, weil die nächtliche Anstrahlung der historischen Monumente von ihm abhängt; aber ohne Sicherheiten in den Tag hinein leben möchte auch ein Denkmalschützer nicht. Das Wie der Versorgung bleibt ihm ein Rätsel, doch gibt es für sie Fachleute, denen er vertraut.

Wir bestehen ja insgesamt aus locker ineinandergreifenden Teilmengen von Fachleuten, wir leben auf einem Berg von Fachzeitschriften, in denen die Zauberformeln stehen, nach denen unser Leben gelenkt wird. Wie das im Einzelnen geschieht, wird uns nicht recht klar, selbst wenn wir gelegentlich in fachfremden Zeitschriften blättern und plötzlich irgend einen Zusammenhang begreifen, aha, so ist das also. Aus all den uns zugänglichen oder an uns herangetragenen Informationen versuchen wir uns ein Bild zu machen, es wird vermutlich ein falsches sein, der Zeitschriftenberg ist hoch und unübersichtlich und in seinem Inneren sicher längst vermodert. Die Erde ist weit unten, kaum zu sehen; auf dem zerflatternden Höhenrücken des Zeitschriftenberges stecken wir unsere Nasen einmal in dieses, einmal in jenes Blatt und manchmal ereifern wir uns, glaubensfromm oder ketzerisch, über die Inhalte. Zum Lachen finden wir keinen Anlaß, alle Inhalte drehen sich um das Wie von

Katastrophenabwendungen. Die Erde ist weit unten, kaum zu sehen.

Das ist es ja, sagen Manche, warum die Schwarzen lachen. Sie leben unten, an der Erde, nichts trennt sie von ihr. Wer an der Erde lebt, weiß, daß sie ihn ernährt, er hat keinen Grund zur Sorge. Wer das festgestellt und wie er es herausgebracht hat, ist freilich ein Rätsel. Tatsache ist, daß die Erde, die liebe, sich oft lange bitten läßt, man muß sich zärtlich zu ihr hinunterneigen und Beschwörungen flüstern und darf nicht nachlassen mit Bitten; mit dem Blut vieler Ziegen und Hühner muß man sie gefügig machen. Oft fruchtet alle Schmeichelei nichts, die Erde trotzt und bockt, gibt nichts her und springt höhnisch in trockenen Rissen auf. Die Schwarzen leiden Hunger, sie zünden Feuer an und setzen sich in Kreisen darum herum, reden kaum und bewegen sich nicht, damit sie keine Kräfte verschwenden. Wenn die Nacht kommt, verkriechen sie sich, legen sich schlafen und schauen die Sterne nicht an, weil sie sich vor ihnen fürchten.

Sie fürchten sich. Sie lachen, aber sie haben Angst. Sie haben keinen Sinn für die Bedrohtheit des Lebens, wir dagegen ja? Was für eine Behauptung. Vielleicht ist es sogar umgekehrt, vielleicht sind wir zu sorglos, verschwenden alles und jedes, sie dagegen halten haus?

Womöglich hegen sie dieselbe Meinung von uns wie wir von ihnen, in ihren Augen sind womöglich wir es, die nicht an die Zukunft denken, sie dagegen ja?

Sie lachen und sie fürchten sich, sie haben Angst, wenn sie uns anschauen, die weithergekommenen Fremdlinge, aber sie reichen uns einen Zettel und sagen begeistert, hier ist unsere Adresse, bitte kommen Sie uns besuchen.

Mit Hilfe eines Taxis, dessen Chauffeur hundert Leute fragt und um dreißig Ecken fährt, finden wir wirklich das richtige Haus. Wir sind in Dakar, in der Medina. Es ist eine weitläufige Hüttensiedlung, fröhlich dem Anschein nach. Die von uns gesuchte Hütte hat eine rotweiß gestreifte Markise als Vordach.

Mindestens zehn Frauen und Kinder empfangen uns, oh, schade, sagen sie, Suleiman ist nicht da, aber das macht nichts, kommen Sie herein, er wird gleich da sein. …

Wir werden ins Wohnzimmer geführt, dort stehen ein niedriger kleiner Tisch nebst vier Sesseln und ein Kühlschrank. Aus diesem bringt man eiskaltes Wasser zum Vorschein. Sie sind ja sicher durstig? … O ja, wir sind sehr durstig. …

Die Frauen entfernen sich und die anfangs schüchternen Kinder – es werden immer mehr – tauen langsam auf und tanzen uns etwas vor. Sie erzählen uns, daß sie später alle nach Frankreich gehen wollen … denn Frankreich ist das herrlichste Land der Welt. …

Es wird Mittag, die Frauen bringen uns auf Tellern Reis und Fisch, dazu eine große Flasche Coca-Cola. Nein danke, sagen wir, wir kommen ein anderes mal … Das gibt es nicht, widersprechen die Frauen, Sie müssen essen und dableiben, Suleiman wird schon kommen. …

Also essen wir. Im Nebenraum hat sich die Familie auf dem Boden rund um eine Waschschüssel gelagert, in der wir das gleiche Gericht erblicken, das man uns vorgesetzt hat. Sie essen mit den Händen, uns hat man Besteck gegeben.

Die Kinder lachen zu uns herüber. Der Schnurvorhang zwischen den beiden Zimmern ist auf einer Seite hochgerafft. Nach dem Essen sind plötzlich alle verschwunden und wir sind etwa eine Stunde lang uns selbst überlassen, wir könnten heimlich weggehen, aber wir tun es nicht. Das Coca-Cola geht zur Neige, das Wasser ist warm geworden, wir kleben mit den nackten Schenkeln an den Plastiksesseln und bei der kleinsten Bewegung bricht uns der Schweiß aus. Von Suleiman keine Spur. Dafür gesellen sich die anderen Familienmitglieder nach und nach wieder zu uns und versuchen uns ein Kartenspiel beizubringen. Von Zeit zu Zeit verkünden wir, daß wir jetzt nach Hause gehen und ein anderes mal wiederkommen wollen. Alle protestieren, indem sie die Lippen spitzen und den Zeigefinger leicht davor hin- und herbewegen. Bei jedem unserer Abschiedsversuche fordert eine Frau mit einem Blick und einer hinweisenden Kopfbewegung ein Kind auf, frisches Coca-Cola aus dem Kühlschrank zu holen. Nachdem wir acht Stunden gewartet haben, erscheint Suleiman. Er lächelt, er strahlt: daß Weiße ihn besuchen kommen, die er auf dem Schiff kennengelernt hat, auf dem man so leicht Versprechungen macht, die man aber nach der Ankunft sofort vergißt - Schiffsfreundschaften zerfallen wie Zunder. Suleiman freut sich, aber zugleich blickt er uns forschend an: wir leben einfach, sagt er, bei uns ist es nicht so wie in Frankreich … er schämt sich seiner Behausung, obwohl es da nichts zu schämen gibt. Er als Einziger von der Familie hat Europa gesehen, er hat den anderen davon vorgeschwärmt und er hat die Kränkungen, die er dort erlitten und das, was ihm an Europa wehgetan hat, verschwiegen. So sind alle unbefangen, außer ihm. Er weiß, daß wir wohlgesinnt sind, aber er kann sich nicht vorstellen, daß wir die Primitivität nicht verachten. Verachtung, glaubt er, ist nicht ein Zeichen von Böswilligkeit; sie ist ein natürlicher Reflex der anderen Herkunft. Suleiman hält nichts von Verteidigung, von Angriff erst recht nicht, er wirft uns den Egoismus der Weißen nicht vor und preist die Negritude nicht als die bessere Ausprägung von Menschentum. Ein solches Verhalten empfände er als Flucht nach vorn oder nach außen und eine derartige Flucht gefällt ihm nicht, sie verschärft die Gegensätze statt sie zu mildern. Suleiman flieht in sich hinein, er fürchtet, daß die Weißen, wollte man ihre Überlegenheit anzweifeln, diese erst recht ausspielen könnten, dann bräche auf ihrer Seite etwas Schlechtes hervor statt etwas Gutes und die Antwort auf der Seite der Schwarzen wäre ebenfalls etwas Schlechtes, die Kluft zwischen ihnen würde immer breiter und tiefer und von Überbrückung könnte bald keine Rede mehr sein. Suleiman wünscht Freundschaft, er weiß, daß auch viele Weiße sie wünschen und versuchen und sich anstrengen, die Schwarzen zu verstehen und Suleiman freut sich darüber, aber immer wieder kommt der Augenblick, in dem er in den Augen der Weißen Unverständnis liest und unausweichlich klaffen die Gegensätze wieder auf.

Es ist uns nicht möglich, Suleiman auf seiner Flucht nach innen aufzuhalten; wir reden von Freundschaft und Liebe zu Afrika, aber unsere Worte schneiden seinen Fluchtweg nicht ab, es ist ein oft benutzter, wahrscheinlich. Trotzdem bleibt das Lächeln auf Suleimans Antlitz, ein schwarzer Glanz, ein trauriges Leuchten, ein wehmütiger Widerschein von Empfindungen, die in ein weites Abseits laufen und mit

Worten nicht einzufangen sind. Wir, die wir bestrebt sind, alles, was uns widerfährt, in ein schönes, rechtwinkeliges System von Begriffen einzuordnen, werden hilflos vor Suleimans Gefühlen; was sollen wir sagen? Er ist nun ganz in sich selbst und zugleich vielleicht hinübergegangen in die Heiterkeit seiner Familie, die die Angst nicht ausschließt, sondern einbezieht. Bei uns schließen ja Heiterkeit und Angst einander aus, wir haben Angst davor, Angst haben zu müssen, aus lauter Angst vor der Angst machen wir uns niederdrückende und nicht-endende Sorgen. Heiterkeit ist für uns nichts Natürliches mehr, sondern ein moralischer Imperativ: du hast heiter zu sein, sonst hält man dich für einen Versager. Passiert es uns einmal, daß wir ohne innere Aufrüstung heiter sind, dann schlagen wir bestimmt über die Stränge, jedenfalls wird man es uns so auslegen; das nächste mal nehmen wir uns mehr zusammen und zum Schluß sind wir ganz zusammengefaßte Wesen und haben lauter selbstgeschaffene Grenzen um uns herum, schweifend sind wir nicht mehr, von Freiheit keine Rede. Wenn wir der schwarzen Heiterkeit gegenüberstehen, fühlen wir uns plötzlich besonders weiß und bleich. Unsere Weiße ist auf einmal keine Eigenschaft mehr, sondern nur die Abwesenheit einer Eigenschaft, nämlich des schwarzen Glanzes. Angesichts des dunklen Leuchtens empfinden wir uns als erbärmlich glanzlos; und einsam, ja; wir sind einsam im Vergleich zu ihnen. Es ist, als lehnten wir an einem Baum und schauten zu wie unsere Geschwister spielen, die uns nicht mitspielen lassen. Wir sind natürlich in Wahrheit nicht so einsam, wie wir uns jetzt vorkommen, wir haben ferne Freunde, eine ferne Liebe, Eltern daheim, lauter Leute, mit denen wir vieles erörtern können, wenn auch nicht das Wesentliche, aber das hilft uns jetzt nichts, nicht einmal die Erinnerung daran läßt sich jetzt herbeizwingen.

Indessen ist unter Geschwistern die Sache manchmal sehr einfach. Nachdem sie eine Weile gespielt und wir zugeschaut haben, fragen sie uns plötzlich, ob wir nicht mitspielen wollen. Wir stürzen uns ins Spiel und haben vergessen, was uns vorher davon abgehalten hat, ob sie es waren oder wir selbst. Ein Knoten hat sich geschürzt und wieder gelöst, ohne daß ein Wort darüber gesprochen worden ist.

Auf dem Heimweg aus dem Dorf Soutou, wo wir Verwandte unseres Gastgebers besucht haben, versperrt uns ein fünf Meter langer, viel- und breitverzweigter, üppig-flirrender hellgrüner Baumast den Weg. Wir müssen aussteigen und uns mit Buschmessern und Händen einen Durchlaß schaffen. Bei dieser Arbeit wird mein Sohn von einem zurückschnellenden Ast in den Sumpf geschleudert; die schwarzen Freunde lachen, Einer von uns, sagt der Gastgeber, muß die Ahnen beleidigt haben. Können wir es gewesen sein, frage ich, mein Sohn oder etwa ich? ... Was denken Sie! Weiße haben keine Macht, schwarze Ahnen zu kränken, selbst uns Schwarzen gelingt das nicht bei fremden Vorfahren, nur bei den eigenen, wahrscheinlich sitzen sie hier ringsum in den Baumwipfeln - der Gastgeber wedelt mit seinen eleganten Händen in der Luft herum – und lachen ihr lautloses schadenfrohes Geisterlachen ... Aber warum ist gerade mein Sohn in den Sumpf gefallen, das sieht doch sehr nach Strafe aus ... Das war keine Strafe, sondern Ihres Sohnes Ungeschicklichkeit, es war nicht einmal ein Zauber, denn auch unsere Zauberer haben keine Macht über die Weißen. ...

Also keinerlei gegenseitige übersinnliche Einflußnahme zwischen Schwarz und Weiß. Aber der Ast - warum liegt er da, wer ist der Ahnenbeleidiger?

Du, Joseph, sage ich kühn, denn ich nehme ohne weiteres an, daß Josephs Verhalten seiner Frau gegenüber den Ahnen nicht gefallen kann. ... Ich? - Joseph lacht - Woher willst du das wissen? ... Seltsam. So geht es dem Europäer. Er ist zwar nicht plötzlich bekehrt und glaubt an die Einmischung der Ahnen, aber er spielt das Spiel mit, sofort: wer kann es gewesen sein? Ein Europäer spielt freilich falsch oder nach anderen Regeln. Er macht unberechtigte Voraussetzungen. Mir scheint es selbstverständlich, daß Joseph ein schlechtes Gewissen haben muß - aber ist es selbstverständlich? Ich habe gesehen, wie Josephs Frau zusammenzuckte und mir einen ängstlichen Blick zuwarf, als er sie anschrie; und er lachte, geschieht ihr recht, sagte er zu mir. Eine solche Szene ist für mich kein Beweis gegen das Vorhandensein eines schlechten Gewissens, es ist eben ein verstecktes und unbewußtes. Es ist bequem, anstelle eines lebenden Menschen die Ahnen beleidigt zu haben, denn ihnen kann es ja nicht wirklich wehtun und ihre Strafen sind deshalb nicht viel mehr als Scherze. Was bedeutet schon ein im Weg liegender Baumast? Er hat niemanden erschlagen, nicht einmal verwundet. Eine so harmlose Vergeltung kann man geradezu als Vergebung auffassen. Einen Menschen kränken ist eine schwerer wiegende Angelegenheit, den schmerzt es und er will womöglich nicht verzeihen - oder kann es nicht, weil er tot ist. Dann brauchen wir eine höhere Instanz, die uns vergibt. Beten wir nicht heute noch, Herr vergib uns unsere Schuld? Uns mit nicht endenden Selbstvorwürfen zu peinigen, würde uns höchstens ins Irrenhaus führen. Früher, ja früher war auch bei uns alles anders, da erblickten wir in jeder, auch der geringsten, Unbill, die uns widerfuhr, eine

Strafe Gottes. Unsere vier schwarzen Freunde wetteifern im Rätselraten, wer von ihnen - und wodurch - die Ahnen beleidigt haben könnte. Vielleicht Philippe, weil er zwar einen großen Fisch gefangen, aber den anderen nichts davon gegeben hat? Ach, sie machen alle nur Scherz, wer wird schon unter Freunden eine echte Schuld suchen - noch dazu vor zwei weißen Gästen - wenn man gerade einen Ausflug macht, fröhlich ist und sich gut versteht? Auch Joseph wird verdächtig - weil er gestern einen Streit unter seinen Brüdern angeheizt und nicht geschlichtet hat, wie es sich für den ältesten Bruder gehört. Josephs Frau wird nicht erwähnt.

Wenn der Ast einen von den vieren erschlagen hätte: hätten die anderen ihn für einen Schuldigen gehalten und wessen hätten sie ihn bezichtigt? Was ist wohl die schwerste Ahnenbeleidigung, fragen wir, Mord? ... Selbstverständlich ... Aber Sie haben doch strenge Vergeltungsregeln, fragen wir, Sie warten nicht, bis die Ahnen den Mörder töten? ... Wo denken Sie hin? - Alle lachen, werfen den Kopf in den Nacken und deuten mit der Rechten ein um den Hals geschlungenes Seil an - einen Mörder hängen wir auf, die Ahnen können nämlich meist nicht so strafen, wie sie möchten ... Wie das? ... Weil ein starker Zauber sie daran hindert. ... Paßt es den Zauberern nicht, daß die Ahnen sich einmischen? ... Sie haben dann etwas dagegen, wenn sie des Mörder Freunde sind, seine Auftraggeber womöglich. Und manchmal nehmen die Ahnen selbst die Gerechtigkeit nicht ernst genug; oft sind sie übermütig und treiben bloß harmlosen Schabernack, aber zuweilen überlassen sie sich einem grausamen Blutrausch. Zum Glück haben wir mächtige Zauberer und eben nicht nur Mordkomplizen, sondern Mordverhinderer und Gerechtigkeitsfanatiker, die den Ahnen keine Ausschreitungen erlauben. Es kann auch sein, daß die zwischen gutem und bösem Zauber hin- und hergeschleuderten Ahnen gelähmt werden. Sie strafen dann nicht mehr und lassen verwirrt und traurig der Welt ihren Lauf. Es versteht sich, daß wir in solchen Fällen selbst für Gerechtigkeit sorgen müssen ... Wir hatten, wirft Paul-Ignace ein, äußerst wunderbare, äußerst wirksame Strafen, bevor die Franzosen sie uns verboten haben. ... Nein, Paul-Ignace, widerspricht der Gastgeber, unsere Strafen waren ganz und gar nicht wunderbar, wirksam waren sie auch nicht. ... Was glauben Sie? – wendet sich Paul-Ignace an mich –, wird einer wieder morden, den man in einen Termitenhügel wirft? Gewiß nicht, der geht hübsch zugrunde darin. Wird einer wieder eine Kuh stehlen, den man an eine von allen Dörfern weit entfernte Stelle schleppt und dort liegen läßt, nachdem man ihm unter sämtliche Finger- und Zehennägel kleine Holzspieße getrieben hat? Geh nach Hause, sagt man zu ihm, wenn du kannst. Wird ein junger Mann noch einmal gegen die Dorfgemeinschaft aufbegehren, wenn er so verprügelt worden ist, daß er sich tagelang nicht rühren kann? ... Auch bei uns in Europa hat es dergleichen Strafen gegeben, und Foltern, um Geständnisse zu erpressen, man hat sie vor längerem abgeschafft. ... Ach, in der Tat? ... Nun ja, immer wieder gibt es Rückfälle in die Barbarei ... Barbarei ist ewig, Verbrecher wird es immer geben. Wissen Sie, was geschehen ist, nachdem die Franzosen unsere Strafen für Diebe abgeschafft und durch die Gefängnisstrafe ersetzt haben? Das ganze Land wurde von Dieben überschwemmt ... Wir haben keine Diebe bemerkt, sage ich ... Sie hätten vor 1960 hier sein sollen! Nichts wie Diebe, überall Betrug. Nachdem wir die Unabhängigkeit bekommen haben, haben wir sofort einige Diebe baumeln lassen, das hat die anderen abgeschreckt ... Bei uns hat man durch Statistiken herausgebracht, daß die Todesstrafe keine Abschreckung bedeutet ... Über Statistiken lachen wir bloß! Wir halten uns an unsere Erfahrungen! Aber lassen Sie Ihre Vorschläge hören! ... Erziehung, auf lange Sicht ... Dazu fehlt uns die Zeit ... Die Verbrecher an ihrer Ehre packen ... Oh, die würden nur den Eindruck gewinnen, es mit Schwächlingen zu tun zu haben ... Ihnen zeigen, daß sie nicht der Abschaum der Menschheit sind ... Eigenartig, sagt Paul Ignace, daß immer diejenigen mit den Verbrechern da meiste Mitleid haben, die mit ihnen am wenigsten in Berührung kommen ... Ich bin halt einmal gegen die Todesstrafe, weil ich sie als Mord empfinde ... Wir wissen schon, was für unser Land das Richtige ist, wir wissen es! ...

Endlich haben wir den Weg freigeräumt, wir steigen wieder ein und fahren nach Hause zu unserem Gastgeber. Er bringt den Fiat im Schuppen unter. Es ist Nacht. Wir setzen uns alle um den großen Tisch im Wohnzimmer, das von einer Petroleumlampe schwach erhellt wird. Die Frau des Gastgebers bringt uns zu essen und zu trinken, sie selbst setzt sich nicht mit an den Tisch.

Einen Übeltäter schützen wir nicht einmal in der Familie, nimmt Joseph das Thema wieder auf; zuerst redet der Vater mit dem jungen Mann, der nicht gut tut – die meisten Übeltäter sind junge Männer, nicht wahr? Wenn das nichts fruchtet, muß sich der Familienälteste mit ihm befassen, er redet ihm eindringlich ins Gewissen gibt ihm eine Frist. Tut der junge Mann über die Frist hinaus längere Zeit übel, dann wird er aus der Familie ausgestoßen, er mag sehen, wo er bleibt. Ohne Familie ist er ein entwurzelter Mensch, dem niemand hilft. Wem er nicht im Busch verwildern oder zugrunde gehen will schifft er sich nach Europa ein und verdingt sich als Hafenarbeiter oder Straßenkehrer. Wahrscheinlich ist er auch hier faul und diebisch und macht es den Europäern leicht, die Schwarzen für Gauner zu halten ... Nicht alle Europäer schließen von einem Schwarzen auf die anderen ... Offiziell heißt es jetzt sogar, sagt Philippe, der sich bis jetzt nicht am Gespräch beteiligt hat, daß auch die Schwarzen Menschen sind, früher waren wir Wilde. Doch wenn sie zusammensitzen, die Weißen, jeder ein Glas in der Hand, dann schleicht sich in ihre Reden langsam die alte Verachtung für uns wieder ein. Je mehr sie trinken, desto kulturloser werden wir in ihren Augen, schließlich sind wir wieder nur noch die bons à rien, die trägen und abergläubischen Nichtsnutze. ... Auch die Weißen sind nicht alle gleich, sage ich, viele fragen sich, ob unsere Lebensart und Kultur wirklich einen so hohen Wert darstellt, wie wir bis jetzt glaubten. ... Aber unser Ahnenglaube, sagt Philippe, den können Sie doch mit Recht nur kindisch finden. ... Halten Sie es für weniger kindisch, wenn jemand, wie bei uns viele es tun, an den Einfluß der Sterne glaubt und deshalb in einem »Krebs« einen harmonischeren Menschen sieht als in einem »Skorpion«? Ist, an wissenschaftliche Erkenntnisse zu glauben, obwohl sie von Zeit zu Zeit umgestoßen werden, kein Aberglaube? Was sagen Sie erst zu Menschen, die ein Unglück erwarten, wenn ihnen eine schwarze Katze über den Weg läuft? … Das ist freilich lächerlich, sagt Philippe, aber harmlos. Wenn wir dagegen einen Zauberer anflehen, unsern bösen Nachbar zu vernichten … Zu dem Zweck genügt uns die üble Nachrede – was nicht heißen soll, daß nicht auch bei uns Einige an Hexen glauben …

Wir erzählen von den Wäldern in Europa. Jetzt sind sie Erholungsgebiete, wir gehen in ihnen spazieren und fürchten uns nicht – höchstens in der Nacht oder wenn wir allein sind und uns verirrt haben. Wovor wir Angst haben, können wir nicht einmal sagen, denn es gibt keine reißenden Tiere mehr, keine Bären, keine Wölfe wie damals, als die Geschichten erzählt wurden, die man später in Märchenbüchern gesammelt hat. Immer lasen wir als Kinder von wilden Bestien und Drachen, aber nicht nur von ihnen, auch von Wegelagerern, Räubern und Hexen, die sich in den Wäldern versteckten oder in ihnen wohnten. Zahnlose, bucklige und runzlige Frauen kochten unentwegt greuliche Zaubersuppen, verstellten sich aber oft und spielten die Freundlichen. Manchmal verspeisten sie gefangene Kinder, öfters habe ich als kleines Mädchen, weil ich kurzsichtig war, einen Baumstumpf für eine Hexe, einen Steinbrocken für einen Wolf gehalten. Ich schlich hinter meinen Eltern her, mein Herz klopfte bis zum Hals.

Zu andern Zeiten war die Angst nicht da, der Wald duftete, die Sonne machte ihn ruhig und freundlich, es blühten hohe Glockenblumen, Käfer summten laut.

Verliebte suchen im Wald ein Lager für die Liebe, so war es früher, so ist es jetzt, der junge Mann zieht das Mädchen, das über alle Wurzeln stolpert, an der Hand hinter sich her. In der Dämmerung dann gehen sie heim und plötzlich steht zwischen den violetten Fichtenstämmen ein Hirsch, sie haben ihn nicht kommen gesehen, auch nicht gehört. Sie wissen nichts, diese Kinder. Von den früheren Göttern des Waldes wissen sie überhaupt nichts. Über die Hirschbilder in den Wohnzimmern lachen sie. Das Übersinnliche, Andacht, Inbrunst: das sind wahrscheinlich keine Begriffe, mit denen sie etwas anfangen können. Und doch: als sie, plötzlich selber reglos, dem Hirsch gegenüberstehen, klinkt sich ihre Zeit aus ihren Zusammenhängen aus und tritt zurück ins Ungemessene, Unmeßbare.

Andacht. Inbrunst. Mittelalter. Man sagt, der Wald mit seinen starken Stämmen, seinem gewölbten Laubdach war Vorbild für die Kathedralen. Inbrunst und Frömmigkeit waren ihre Baumeister. Der Teufel mußte gebannt werden. Es war einmal. So ist es schon lange nicht mehr. Inbrunst kann sich nirgends halten, sie rinnt aus allem fort und hinterläßt eine leere Hülse von Gewohnheiten. Händefalten, das Vater-Unser aufsagen, eine Kerze anzünden. Das kann doch nicht alles sein? Nein, es ist nicht alles, Inbrunst ist noch spürbar, die Kathedralen sind steingewordene Inbrunst. Im Mittelalter duckten sich rings um die Dome kleine Häuser. Aus ihnen strömten die Bewohner, wenn die Glocke sie zur Messe rief. Damals waren alle Leute Sünder. Die Priester in ihren schönen Gewändern erteilten die Absolution.

Die Priester, sagt man heute oft, haben uns immer betrogen. Warum haben wir uns betrügen lassen? Haben wir uns überhaupt betrügen lassen? Aber nein. Wir glaubten daran, daß die Hexen mit dem Teufel tanzten, dem ewig Seienden. Unser eigenes Leben war gottesfürchtig. Wir haben nicht im Wald getanzt wie die Hexen, sondern um den Brunnen oder um die Linde, wir haben getanzt, getanzt, getanzt, aber wir waren keusch, wir haben mit dem Tod getanzt.

Wir machen Besuch beim Minister für technische Angelegenheiten. Das Ministerium liegt im achten Stock des »building administratif«, es ist großzügig und elegant möbliert, die Klimaanlage ist unhörbar. Hier ist es kühl und leise, auf der Straße heiß und laut. Wir schämen uns, denn wir sind verschwitzt und bringen den Geruch kleiner Leute mit. Wir sollten uns schämen, daß wir uns schämen, denn was ist dabei, wenn man keinen Ventilator hat? Unser Gastgeber hat keinen. Die feuchte Hitze löst unsere Haut fast auf. Alle unsere Sachen und auch wir selbst haben bereits den Geruch der Schwarzen angenommen. Die Ursache davon wird wohl in der Nahrung und im Schwitzen liegen. Anscheinend werden mit dem Schweiß Nahrungspartikelchen ausgeschieden – jedenfalls rieche ich es einem Menschen an, wenn er – zum Beispiel – viele Medikamente einnimmt. Ich bilde mir ein, daß der Geruch der Senegalesen von einer kleinen grünen Frucht herrührt, ihren Namen weiß niemand, aber sie wird für alle Soßen verwendet, sie schmeckt bitter.

Der Minister fragt uns, wie es uns in Dakar gefällt. ... Sehr gut. Eine schöne Stadt ... Die Sekretärin bringt Getränke ... Sie haben eine wunderbare Aussicht auf das Meer, – stellen wir fest –, es muß angenehm sein, so hoch oben zu residieren ... Erst später fällt mir ein, daß der Minister diese Worte als versteckten Hinweis auf die afrikanische Kulturlosigkeit aufgefaßt haben könnte, denn er sagt: wir haben früher nie etwas in die Höhe gebaut ... Ich nehme an, daß Sie die Mittel dazu nicht hatten, im Senegal gibt es ja keine Steine. ... Man hätte es auch mit Holz probieren können. Aber ich glaube, es wäre uns von selbst nie eingefallen, in die Höhe zu bauen, es wäre uns unnatürlich vorgekommen. Genausowenig wären wir auf den Gedanken gekommen, Kleider zu erfinden. Wozu? In unserem Klima braucht man keine. Zwar behaupten einige Leute, im untergegangenen Königreich Ghana hätte man rund ums elfte Jahrhundert die prächtigsten Gewänder gewebt, auch von hohen Palästen reden sie, aber ich glaube ihnen nicht. Nein nein, das sind Märchen, erfunden von Jenen, die es nicht ertragen können, als kultur- und geschichtslos angesehen zu werden. Sie wollen etwas zum Vorzeigen haben. Wozu? Die Geschichtslosen können sich zwar keiner großen Taten in der Vergangenheit rühmen, aber man kann ihnen diese auch nicht vorwerfen. Ob eine Tat groß ist, ist außerdem Ansichtssache, die Moden wechseln, und viele Völker fühlen sich heute mit ihrer Vergangenheit beschwert. Was ehemals Pioniergeist hieß, heißt heute Niedertracht. Wir Geschichtslosen haben es leichter, wir haben nur Zukunft. Uns macht allenfalls das Höllentempo zu schaffen, in dem wir in die Zukunft rasen müssen, dabei verlangt man noch, daß wir die von den Weißen vorgezeichnete Linie einhalten. ... Wer verlangt das? Vielleicht ist es eine Bedingung, die wir uns selbst auferlegt haben, denn es kann in der Tat keine Instanz außer uns selbst geben, die uns vorschreiben dürfte, Kultur zu haben. Der Eindruck, daß uns die Weißen weiterhetzen, ist vermutlich falsch, wir sind es selbst, die Richtung und Geschwindigkeit angeben, allerdings nicht unsere eigene Richtung und nicht unsere eigene Geschwindigkeit. Aber wir sind nun einmal davon besessen, den Vorsprung der Weißen aufzuholen. Warum? War es nicht schön, wie es war? Ein paradiesischer Zustand, wie die Weißen gerne sagen. Hätten wir ihn nicht gegen die Weißen behaupten können? Nein, denn sie leiteten aus unserer Primitivität das Recht ab, uns zu unterdrücken. Das Aufholen ist nötig als Mittel der Befreiung. ... Könnte es sein, daß Menschen einmal lernen, Stärke nicht auszuspielen? ... Faut pas compliquer les choses, sagt der Minister und lächelt bezaubernd, wir möchten nicht verachtet, wir möchten gleichberechtigt sein, wir möchten nicht, daß unsere Intelligenz brachliegt. All das stimmt, ist aber eher zweitrangig. Wir sind, tout simplement, von den Errungenschaften der Weißen fasziniert, vor allem von ihren technischen Leistungen. Als erstes macht sich bei der Nachahmung der Trieb in die Höhe bemerkbar. Es wird Ihnen aufgefallen sein, daß Kultur von Anfang an etwas mit Höhe zu tun hat – babylonischer Turm, Pyramiden, Kathedralen – heute wird der Zusammenhang noch deutlicher, Flugverkehr in zehntausend Meter Höhe ... Linien, werfe ich ein, alles löst sich in Linien auf ... Wir fliegen viel, fährt der Minister unbeirrt und träumerisch fort, im Verhältnis häufiger als die Europäer ... schon möglich, denke ich, daß uns die Schwarzen eines Tages an Höhe übertreffen ... vorerst aber sollten wir uns, fährt der Minister fort, mit Höhe im althergebrachten Sinn befassen: unsere armen, am Boden klebenden Hüttensiedlungen müssen verschwinden ... Was sagen Sie zu unseren schauderhaften, weitwuchernden Stadtrandsiedlungen? Im Gegensatz zu Ihnen finden wir Europäer Ihre Hütten schön ... Die Medina? ... Über die Medina läßt sich streiten. Aber die Hütten auf dem flachen Land? Ich finde sie schön und in meinen Augen hat Kultur mit Schönheit zu tun ... Schönheit ist eine Frage von Geld, wehrt der Minister ab ... Aber nicht nur, nicht wahr? Ausgereifte Formen sind schön, sie setzen eine lange Beschäftigung voraus ... Haben Sie bemerkt? schneidet der Minister meinen Diskurs ab, die Begriffe Kultur und Barbarei sind neuerdings nicht mehr reinlich zu trennen. Von ihren früher extremen Positionen scheinen sie aufeinander zugegangen zu sein, teils decken sie sich sogar. Früher haben Sie uns als Barbaren bezeichnet, jetzt bezichtigen Sie sich im Nachhinein selbst der Barbarei, weil Sie unsere Vorfahren als Sklaven verkauft haben ... Wir würden es verstehen, wenn Sie uns verfolgen und aus Ihrem Land vertreiben würden. Aber Sie tun das nicht ... Wenn wir es täten, würde Ihr Verständnis dafür sehr schnell verschwinden – der Minister lacht ein bißchen – aber vorläufig stellt dieses Problem sich nicht. Vorläufig haben Ihre Ästheten unsere primitive Kultur entdeckt ... Jaja, und wir genießen es sogar, wenn der schwarze Orpheus gegen uns singt, die Sklavenlieder machen uns traurig, uns geht es wie den Steinen: wir werden weich bei dem Gesang ...

Ist es immer und überall so, daß der Aufschrei der Geknechteten sich in Lieder verwandelt? Ist es überall und immer so, daß dieser Aufschrei, diese Lieder, später den Nicht-Geknechteten, gar den früheren Unterdrückern, zur Unterhaltung dienen, damit die ein bißchen weinen können, weil sie doch sonst nichts zum Weinen haben? Müssen die Menschen unbedingt etwas zum Weinen haben, weil die Natur sie mit Tränensäcken ausgerüstet hat?

Der Feuerwehrhauptmann, der in Dakar lebt und Gehalt bezieht, holt in den Ferien alle Vettern und Kusinen seiner Kinder zu sich und ernährt sie schlecht und recht – immer schlechter, je mehr es werden. Sie sollen sich kennenlernen, deshalb müssen sie kommen. Es wäre nicht auszudenken, wenn ein »Badji« eines Tages einem anderen »Badji« begegnete und sie kennten sich nicht. Würden sie zufällig ihre Verwandtschaft entdecken, wäre das kein Ereignis, das man zusammen bei einer Flasche Wein feiern könnte, es wäre ein Anlaß zum Trauern. Sollte ein »Badji« gar in ein anderes Volk hinübergewechselt sein, müßte die Familie verzweifeln: ein Clan, dessen Zusammenhalt so gering ist, ist dem Untergang geweiht. Eine Familie hat die Pflicht, in allen Gliedern zusammenzuhalten, es ist besser, gemeinsam zu hungern, als den Clan auseinanderfallen zu lassen.

Es finden sich beim Feuerwehrhauptmann nicht nur die Vettern der Kinder ein, sondern auch seine eigenen und die bleiben nicht nur über die Ferien; der Feuerwehrhauptmann hat sie nicht eingeladen, sie kommen vom Land, wo sie, wie sie behaupten, überflüssig sind, sie möchten in Dakar arbeiten. Selten findet einer sofort einen Posten, die meisten suchen lange, manche vergeblich, diese müssen endlich seufzend zurück aufs Land. Solange sie in Dakar und ohne Arbeit sind, werden sie vom Feuerwehrhauptmann ernährt. Platz zum Schlafen hat er nicht für sie. Ein paar finden Unterschlupf in der Medina, die übrigen legen sich in der Nacht auf die Straße. In der Früh waschen sie sich an den öffentlichen Wasserhähnen in der Medina. Sie müssen sich dazu niederhocken, denn die Hähne sind, zehn in einer Reihe, in Kniehöhe angebracht. Danach begeben sich die unausgeschlafenen Vettern – die Nacht auf der Straße ist kurz und voll Störungen – auf Arbeitsuche oder behaupten wenigstens, es zu tun. Zu Mittag versammeln sie sich um den großen Tisch in des Hauptmanns Wohnzimmer, auch wenn es, besonders am Monatsende, nur Reis und Wasser gibt. Der Hauptmann tut gern alles für seine Vettern – aber verstehen sie denn nicht? seine Mittel sind nicht unerschöpflich. Es kommt vor, daß er zornig die Mütze seiner heißen Uniform auf den Tisch wirft und schreit: er schreit eine Stunde lang und alle hören betreten zu, ich kann nicht mehr, schreit er, was habe ich denn vom Leben, nichts, nichts, nichts, nicht das allerkleinste Vergnügen, nur Arbeit und mißmutige und faule Mitarbeiter – und ihr? Ihr könntet wenigstens hier zu Hause ein bißchen mitanfassen, vielleicht kocht einmal einer von euch oder geht einkaufen - ach, ihr armen Teufel, ihr habt ja auch nichts vom Leben, aber wenigstens müßt ihr euch nicht so schinden wie ich …

Gelegentlich bekommt der eine oder andere Vetter Arbeit: als Näher in einer städtischen Nähstube, als Gartenhilfe in der Stadtgärtnerei, als Weber im Village artisanat. Da sitzt dann der Vetter Näher den ganzen Tag mitten in einem höllisch ratternden Nähmaschinenbataillon – in einem großen Raum, der nach der Straße zu keine Wand hat, und wenn ein Vetter Arbeitsloser vorbeikommt, lächelt er dem zu und tut so, als sei er zufrieden.

Die Ehefrauen sind auf dem Land geblieben. Ein Leben, wie es ihre arbeitsuchenden Männer in der Stadt führen, ist nichts für sie.

Jeden Sonntag besucht der Feuerwehrhauptmann einige von diesen Frauen, dazu noch ein paar andere Verwandte, die in der Nähe Dakars wohnen. Entfernter Wohnende kann er nicht besuchen, dazu fehlen ihm Geld und Zeit. Er muß mindestens zweimal, wenn nicht drei oder gar viermal fahren. Auch wenn er sein Auto ganz mit Kindern vollstopft, passen längst nicht alle hinein. Die Kinder freuen sich auf die Besuchstour, es fällt ihnen nicht ein, arme Verwandte, die ohne Auto leben und daher warten müssen, bis man zu ihnen kommt, zu verachten. Das erste Ziel der sonntäglichen Rundreise ist die alte Mutter des Hauptmanns. Sie fürchtet sich vor den Weißen, mit denen er selbst gut zurechtkommt, sie spricht kein Wort französisch und er kann sie nirgends hin mitnehmen, weil er sich mit ihr genieren müßte, sie paßt nicht nach Dakar, alte Bäuerin, die sie ist mit ihren groben grauen versteinerten Händen, grauem Haar und ausgebleichten Augen. Sie hätte im Dorf bleiben sollen, in der Casamance – aber dort hätte sie bei einem ihrer Söhne leben müssen und das wollte sie nicht. Alle haben ihr eine Bleibe angeboten, der Älteste, der im Dorf geblieben ist, der Zweite, der in einer kleinen Stadt Bürgermeister geworden ist und auch der Hauptmann; sie lebt aber lieber bei einer Tochter. Alle ihre Töchter sind, wie so viele schwarze Mädchen, in die Hauptstadt gezogen – zum Licht geflattert, sagt der Hauptmann – angelockt von einem Hauch Hafenromantik und dem leichteren Leben in der Stadt, getrieben von der unausgesprochenen Sehnsucht, einen Weißen zu finden – mit ihrem Lächeln, mit dem feuchten Glanz ihrer Augen. Sie haben nur ein halbes Glück gefunden, nämlich keinen Franzosen und keine große Liebe, nur einen schwarzen Ehemann, mit dem sie herumschreien und nun sitzen sie in ihren luftigen Häuschen am Boden und essen den Reis mit der Hand, à la familière. Am Nachmittag ist der Reis kalt, denn gekocht wird nur zu Mittag. Auch kalter Reis schmeckt gut, nicht wahr? Die dicke Tochter, eine schöne Fruchtbarkeitsgöttin, formt mit der schwarzen Hand einen weißen Reiskloß, den sie knetet, bis er warm und weich wird, bevor sie ihn zwischen die Zähne schiebt. Auch der Minister ißt so, sagt sie, bei sich zu Hause, allein mit der Familie – sie lächelt – unsere Mutter ist nicht mit zehn Pferden in seine feine Wohnung zu bringen, obwohl ihre Mutter und des Ministers Mutter leibliche Schwestern sind, même père, même mère … Macht nichts, sagt der Sohn Feuerwehrhauptmann, warum soll sie hin, wenn sie sich dort nicht wohl fühlt? Der Minister wird seine Kusine schon einmal besuchen kommen … Nun redet die Mutter längere Zeit, sie schaut uns dabei ängstlich und etwas feindselig an, ich nehme an, sie denkt, was wollen diese Weißen hier, sich über uns lustig machen? Der Sohn antwortet beschwichtigend. Später erklärt er mir, daß seine Mutter meinen Sohn und mich für ein Ehepaar gehalten hat, sie kann nicht glauben, daß der junge Mann erst sechzehn Jahre alt ist. Afrikanern fällt es schwer, das Alter der Weißen zu schätzen.

Am Sonntagabend gehen die unverheirateten Töchter aus, in ihren golddurchwirkten Prunkgewändern sehen sie aus wie Königinnen. In der Stadt werden sie den vielen anderen jungen Frauen begegnen, die vom Land gekommen sind und ihre schönsten Kleider angezogen haben. Sie lächeln schüchtern. Hart und schnell pochen die Pulse an ihre Schläfen. Ihre schönen Schädel haben sie in ananasschuppenkleine Felder eingeteilt, auf jedem Feld steht ein winziges Zöpfchen in die Höhe. Sie tragen ihr schwarzes Lächeln auf den Markt, aber sehr vorsichtig. Der Wunsch nach Glück sollte eigentlich keine Vorsicht nötig haben, er sollte heftig und offen sein dürfen. Wer lieben will, sollte nie und nirgends und durch nichts daran gehindert werden. Aber so ist das Leben nicht. Den meisten weißen Männern sind die schwarzen Töchter zu schmutzig, sie stinken, da helfen die schönsten Gewänder nichts. Nur selten einer, der den Geruch mag und dem es auch nichts macht, wenn sie sich mit einem Hölzchen oder verholztem Grashalm auf der Straße die Zähne putzen und fortwährend die dabei abfallenden Fasern auf den Boden spucken. Es ist schwer für die Frauen, einen Weißen zu finden, den ihr weiches glänzendes Lächeln mehr als flüchtig entzückt oder rührt. Doch, ja: es gibt Liebesgeschichten zwischen Schwarz und Weiß, wunderbare Liebesgeschichten, aber sie sind selten. Ach, meine lieben Töchter, auf der ganzen Welt sind die wunderbaren Liebesgeschichten rar, das hat nichts mit der Hautfarbe zu tun.

Am Sonntagvormittag haben die Schwestern des Hauptmanns ihr Lächeln in die Kirche getragen, sie sind Christinnen. In Dakar dürfen sie sitzen wo sie wollen, in den Dorfkirchen mußten sie in der linken Bankkolonne Platz nehmen, die rechte ist für die Männer bestimmt. Diese haben die Buben, die Frauen haben die kleinen Mädchen und Säuglinge bei sich. Wenn ein Baby zu schreien beginnt, bekommt es schnell die Brust, damit es den Gottesdienst nicht stört. Stillen ist eine die Andacht fördernde Beschäftigung, man kann dabei in einen frommen Traum fallen oder auch leidenschaftlich singen, schöne Lieder über Jesus und Maria. Singen ist unterhaltsamer als einer Predigt zuhören, Dreieinigkeit und unbefleckte Empfängnis sind unglaubliche Angelegenheiten, was Offenbarung bedeuten soll, ist ebenfalls unerfindlich, aber es macht nichts, im Leben ist so vieles unverständlich und es geht trotzdem weiter. Die Hauptsache ist, jung zu heiraten und rasch hintereinander viele Kinder zu bekommen. Sieben sind wenig. Der Feuerwehrhauptmann hat erst zwei, obwohl er schon weit über dreißig ist. Es ist nicht seine Schuld, er hat im französischen Vietnamkrieg einige Jahre verloren. Von Kämpfen erzählt er nichts, er hat keine miterlebt, dafür hat er das vietnamesische Volk bestens kennengelernt, besonders die Mädchen: es gibt auf der ganzen Welt keine süßeren und sie sind verrückt nach Negern. Im Gegensatz zu den Negerinnen, die sich bei der Liebe nicht rühren und nur selten einmal einen Viertel-Seufzer ausstoßen, entfalten sie eine hohe Liebeskunst. Sie tanzen sehr schön, mit winzigen Bewegungen, oft nur mit den Fingern und den Augen. Sie weinen nicht, wenn man ihnen ihr Kind wegnimmt. Unter der Kinderschar, die ihre Ferien beim Onkel Feuerwehrhauptmann verbringt, ist ein schmaler, ziemlich schwarzer Bub mit fernöstlich modulierten Zügen. Ein Findelkind aus Asien, sagt der Hauptmann, mit dem er Mitleid gehabt hat. Er hat es einer seiner Schwestern gegeben, die im Busch lebt. Auch aus Europa hätte er gern ein Findelkind mitgebracht, ein kaffeebraunes

Mischlingsmädchen, auch in Europa verstehen die Frauen etwas von der Liebe, aber sie sind nicht so fruchtbar wie die Asiatinnen, und leider reden sie zu viel und möchten nie über etwas im Unklaren sein. Die Familie des Hauptmanns wirft ihm seine späte Eheschließung vor. Das ist ungerecht; er hat jeden seiner kurzen Heimaturlaube zur Brautschau benutzt, ist jedoch vom Pech verfolgt worden. Das erste Mädchen, auf das seine Wahl gefallen war, war allzu unschlüssig. Der Rivale war des Hauptmanns – damaligen Sous-Lieutenants – bester Freund, der ihn am Anfang seiner Militärzeit davor bewahrt hatte, einer Falschspielerbande in die Hände zu fallen. So verzichtete der Hauptmann schließlich. Es gibt ihm jetzt noch einen Stich, wenn er die junge Frau sieht, die nun schon vier Kinder hat. Mit Vorliebe trägt sie zitronengelbe Kleider und ein zitronengelbes Band in der lackschwarzen Perücke. Am Sonntag schlüpft sie in ein tief dekolletiertes glänzend himmelblaues knöchellanges, ganz anliegendes Kleid und nimmt dazu einen hellblauen durchsichtigen silberdurchwirkten Überwurf. Der flattert lose und leicht um sie herum, wenn sie mit den Händen redet. Jedes Jahr fliegt sie einmal nach Amerika oder Europa - sie hat sehr einflußreiche Verwandte - dann kleidet sie sich europäisch. Nicht einmal die hochgeschürzte Mode raubt ihr die Anmut, sie hat reizende schmale Knie. Die himmelblaue Farbe hat es dem Feuerwehrhauptmann angetan. Vor einigen Wochen hat er für seine Frau einen solchen Stoff besorgt, sie hat sich aber geweigert, daraus ein traditionelles Kleid zu nähen, es ist unbequem, man kann darin nicht gehen, sagt sie, zu Hause ein pagne, den man sich schnell umwickelt, das ja, aber auf der Straße? Nein. Die Hauptmannsfrau hält nichts von dem nationalen Stolz, der im Tragen traditioneller Kleider besteht. Sie ist aus dem Busch gekommen, wo man vor kurzem noch nackt gegangen ist; diese Kulturlosigkeit verachtet sie jetzt gründlich. Lesen und schreiben zu lernen findet sie allerdings überflüssig, wozu gibt es den Fernsehapparat? Das Französische ist ihr nur in der senegalesisch bäurischen Form geläufig. Das Volk der Diolà, aus dem die Familie stammt, kennt weder ein scharfes noch ein weiches sch. Der Hauptmann bewältigt die Ausspracheschwierigkeiten, seine Frau aber nicht: ze cerce quelque çose à manzer. Dieses Gewisper hat etwas Rührendes, Kindliches und Vertrauensvolles. Wenn man Sprachen und Kulturen mit Menschen vergleichen dürfte: das junge Gewisper begibt sich vertrauensvoll in die Hand der reifen, schönen, klugen französischen Sprache; die junge Industrie, die junge Literatur und Kunst, alles, was entwickelt werden soll, läßt vom erwachsenen umsichtigen klaren französischen Geist sich fördern. Aller Nachahmung wert ist die französische Kultur. Für die Hauptmannsfrau besteht dieselbe hauptsächlich in kurzen Kleidern, Champagner und Fingernagellack. Die Besinnung auf eigenständig afrikanische Werte, die die Intellektuellen und Nationalisten propagieren, kann sie nicht gutheißen. Ihr Mann gibt ihr Recht: diese Rückbesinnung meint nicht die schwarz-afrikanische, sondern eine arabische Kultur, die in Wahrheit der schwarz-afrikanischen ebenso fremd ist wie die europäische. Der Hauptmann bedauert sehr, daß die meisten Senegalesen Mohammedaner sind. Sie haben nicht lesen und schreiben gelernt, aber sie sind in die Koranschulen gegangen, wo man ihnen das Beten beigebracht hat. Was sie beten, wissen sie nicht, es ist arabisch und man übersetzt es ihnen nicht, aber sie beten gern, die fremdartigen Sprüche sind Zauberformeln, von denen man nicht lassen will, weil man sonst Unheil befürchtet. Die christliche Minderheit hat andere Zauberformeln, von denen sie ebenfalls nicht lassen will. Alle zusammen haben nur eine sehr undeutliche Vorstellung von den Zielen, die der Staat sich setzt. Daß zu ihrer Erreichung viele Kinder notwendig sind, ist indessen klar.

Zwei Jahre, nachdem der Feuerwehrhauptmann sein Lebensglück an den Freund abgetreten hatte, verliebte er sich in eine kleine Muselmanin. Sie war engelsanft und versprach ihm, auf der Stelle eine Christin zu werden. Gewiß hätte sie es getan, wenn ihre Verwandten es erlaubt hätten. Du mußt Geduld haben, Lieber, sagte sie zum Feuerwehrhauptmann, jetzt sind sie wie vor den Kopf geschlagen, ein Christ in unserer Familie! Wenn ein bißchen Zeit vergangen sein wird, wird ihnen die Sache weniger schrecklich erscheinen ... Nachdem nicht nur ein, sondern drei bißchen Zeit vergangen waren, drang der Verliebte, damals immer noch Sous-Lieutenant, erneut und diesmal heftiger in das Mädchen: Ich muß dich heiraten, ich liebe dich zu sehr, ich will dich nicht verlieren wie meine vorige Braut, aber ich kann nur eine Christin heiraten ... Warte, Lieber, sagte sie, hab Geduld, du wirst mich heiraten, aber es ist besser, wir bekommen ein Kind, damit sich meine Verwandten von unserer Liebe überzeugen lassen ... Das Mädchen wurde schnell dicker, aber die Verwandten standen wie eine Mauer ... Weißt du, schlug das Mädchen vor, du heiratest mich jetzt einmal pro forma nach mohammedanischem Ritus, wenn ich erst deine Frau bin, hat meine Familie nicht mehr über mich zu bestimmen und ich werde Christin ... Sie heirateten zwei Monate vor der Niederkunft. Jetzt kannst du dein Wort einlösen, sagte er. Jetzt nicht bettelte sie, schau, ich müßte in die Missionsschule gehen und in meinem Zustand habe ich dazu keine Lust ... Also nach der Geburt! ... Aber gleich nach der Geburt - die nicht einfach war: Zwillinge! - wurde die erschöpfte Mutter samt den Kindern von ihrer Familie abgeholt: damit sie sich bei uns erholen kann ... Als die drei nach einigen Wochen wiederkamen, waren aus den Babys kleine Muselmanen geworden. Und du? fragte der Hauptmann wütend, wirst du endlich Ernst machen? Ja, Lieber, langsam werde ich Ernst machen, warte noch ein bißchen ... Nach abermals drei bißchen Zeit erinnerte er sie an ihr Versprechen. Lieber, sagte sie, hast du nicht begriffen? ... Er schaute sie finster an. Schau, fuhr sie fort, ich hab gedacht, wenn du siehst, daß ich nicht will, wirst du eines Tages aufhören in mich zu dringen ... Du hast falsch gedacht. Du hast mich hintergangen ... Lieber, sag das nicht. Ich wollte so gerne bei dir bleiben ... Du darfst bei mir bleiben, unter einer Bedingung, du kennst sie ... Sie schüttelte den Kopf: ich gehe noch heute ... Unverzüglich machte sie sich ans Pakken, weinend. Der Gedanke war ihm schrecklich, schon diese Nacht allein zu sein, so gab er ihr noch eine Frist von drei Monaten. Danach war seine Geduld erschöpft und ihre Tränen verschwendet. Wenn du es nicht übers Herz bringst, eine Religion aufzugeben, von der du ja nicht das mindeste verstehst, dann liebst du mich nicht ... Und sie: habe ich je verlangt, daß du Mohammedaner wirst? Und wenn dir meine Religion wichtiger ist als ich selbst, dann liebst du mich nicht ... Gut gut, ich trenne mich von dir, ich gehe nach

Europa, geh du nur mit den Zwillingen zu deinen Eltern zurück.

Die Geschichte hat ein kleines bitteres Nachspiel. Als der Hauptmann nach zweijährigem Europaaufenthalt nach Afrika zurückgekehrt war, stand eines Tages die kleine Muselmanin vor seiner Türe. Ich gehe jetzt in die Missionsschule ... Ah! sagte er, ich liebe dich, aber ich habe mich vor kurzem verlobt und ich werde nicht wortbrüchig werden.

Unser Gastgeber stellt uns manchmal sein Auto und seinen Chauffeur zur Verfügung. Dieser findet mit der Zeit die verzwicktesten Adressen: besser als ein Taxichauffeur, nicht wahr? fragt er uns. Wenn der Verkehr etwas dichter wird, jauchzt er: wie in Paris, nicht wahr? – und hämmert mit den Fäusten auf das Lenkrad. Er war noch nie in Paris, aber nach allem, was er davon hört, stellt er sich in allen Pariser Straßen nie abreißende Autokolonnen vor. Er ist zuversichtlich, daß Dakar eine solche Verkehrsdichte bald erreichen wird. Umso eher, als ja die meisten Einwohner Mohammedaner sind, die Christen sind nämlich oft betrunken und dürfen dann nicht Auto fahren; wenn sie es trotzdem tun, wird ihnen der Führerschein entzogen. Er selbst, erzählt er, ist seit längerem ein strenger Muselman. Er lüftet seine Strickmütze: Sehen Sie! Kahl geschoren. Ich rasiere mir den Kopf nicht nur einmal in der Woche wie die Meisten; die müssen ihre Haare unter der Mütze verstecken, ich nicht. Auch gehe ich nicht mehr ins Bordell, obwohl es mir manchmal fehlt. In den Freudenhäusern gibt es nämlich sehr schöne Frauen, schwarze, braune, gelbe, auch ein paar weiße. Sie könnten, – rät er mir –, auch im Bordell arbeiten, Sie sind wirklich schön genug. Weiße sind begehrt, sie verdienen herrlich. Sie könnten sich bald ein eigenes Auto leisten ... Ich werde mir, verspreche ich, die Sache durch den Kopf gehen lassen ...

Eine Weile muß er jetzt auf den Verkehr achten, der sich wieder ganz wie in Paris entfaltet hat. Dann fährt er mit seinen Ratschlägen fort: Sie sollten überhaupt hier bleiben und einen Neger heiraten ... Das täte ich bestimmt gern, wenn mich einer haben wollte ... Einer? Hunderte! ... Ich bin nicht so sicher. Sehen Sie, Viele verübeln es dem Präsidenten, daß er eine weiße Frau hat ... Hören Sie nicht auf das dumme Gerede! Wer sagt das schon. Eine kleine Clique extremer Nationalisten. Die Marabouts, die als islamische Oberhirten ganz besonders die einheimische Tradition pflegen, verstehen sich sehr gut mit der Präsidentengattin ... Auch auf die Marabouts sind die Leute nicht gut zu sprechen ... Wieso denn nicht? Mit welchen Leuten haben Sie denn geredet? Mein Vater ist ein großer Marabout in Thies und alle haben ihn gern ... Ach, denke ich, der Vater ist ein großer Marabout und der Sohn arbeitet bei einem Christen als Chauffeur. Ich will ihn nicht kränken und sage nicht, was ich über die Marabouts gehört habe: daß sie den Großgrundbesitz in den Händen haben und immer noch mehr Land aufkaufen. Die enteigneten Landleute gehen entweder in die Stadt und vermehren das dortige Proletariat oder sie arbeiten weiter auf ihren früheren Ländereien, aber jetzt als Sklaven. Einige Marabouts modernisieren zwar die Landwirtschaft und behandeln ihre Untergebenen nicht schlecht, aber die meisten sind nur daran interessiert, sich zu bereichern und ihre Arbeiter in Abhängigkeit und Unwissenheit zu halten.

Der Chauffeur fährt fort: Mein Vater hat zu mir gesagt, du als Sohn eines Marabouts mußt ein religiöses und untadeliges Leben führen, das hat mich geärgert, was kann ich dafür, daß ich der Sohn eines Marabout bin? Ich bin von zu Hause fortgegangen und habe kein religiöses Leben geführt. Ich habe sehr viel getrunken. Sie wissen ja, Alkohol ist für uns verboten, trotzdem trinken fast alle, heimlich natürlich ... Was passiert, wenn man trinkt, trotz des Verbots? ... Ich weiß nicht. – Pause. – Ich glaube, es passiert nichts. Aber verboten ist eben einmal verboten – Rechts vor uns fährt ein Radfahrer im Zickzack. Er fällt um, zum Glück ist der Chauffeur weit links ausgewichen. Ein Christ, stellt er fest. ... Kann es nicht ein Mohammedaner sein, der heimlich getrunken hat? ... Was denken Sie! Ein Mohammedaner würde sich nie betrunken aufs Fahrrad setzen, nur Christen ist es erlaubt, betrunken herumzufahren ... Erlaubt? ... Die christliche Religion erlaubt es, unsere nicht, das ist der Unterschied zwischen unseren Religionen ... Wenn das der ganze Unterschied ist? Dann wäre der Zusammenschluß zwischen unseren Religionen leicht zu bewerkstelligen ... Zusammenschluß? Warum denn? Außerdem gibt es noch einen Unterschied, den Christen ist nur eine Frau gestattet ... O das hat mit Christus nichts zu tun, er hat darüber nicht gesprochen, die Einehe hat außerreligiöse Gründe, praktische, finanzielle ... Sie sind keine guten Christen, wenn Sie derart ketzerische Ansichten von sich geben ... Ketzerisch? – Ich überlege, ob ich den Chauffeur über das Christentum belehren - oder mich von ihm über den Islam belehren lassen soll. Bevor ich mich zu einer Frage entschließe, prophezeit er dem Christentum schon den Untergang: Die

Christen sind alle lax. Ein Glaube muß blind sein, damit er sich hält … Soll er sich halten, so, wie er ist? … Wie ist er denn? … Ja, wie ist er? – Wir reden von Dingen, von denen wir nichts verstehen. Wir sind so gewohnt, über alles eine Meinung zu haben, daß uns nicht einmal auffällt, wie wenig wir wissen. – Sie machen mir keinen Eindruck, meint der Chauffeur, wenn Sie Ihre Religion schlecht machen … Das tue ich nicht, im Gegenteil, ich frage mich, ob nicht der ganze bisherige Weg der Menschheit – verzeihen Sie – ein christlicher war, ein ganz langsames – fast unmerkliches Verwirklichen christlicher Ideen, vielleicht fand in Jesus eine zufällige Verdichtung dieser Ideen statt; Jesus: ein kurzes Aufglimmen auf einem Weg, der noch weit weit über uns hinaus führen wird … Weiß ich nicht, sagt der Chauffeur mißmutig, kann sein, kann auch nicht sein …

Eine Weile fahren wir schweigend. Wir biegen um eine scharfe Kurve … Sehen Sie das Meer! Ist es nicht schön? Schöner als Christentum und Islam zusammen, behauptet der Chauffeur, und: Schönheit kann jeder verstehen … Mir fällt mein Sohn ein, der mich, als er fünf Jahre alt war, fragte: Wieso ist ein Ding schön und ein anderes nicht? Ich schaue über das Meer. Ja, es ist schön. Jetzt ist es dunkelgrau und schwarze Wolken ballen sich darüber. Beim Meer ist es leicht, das gefällt jedem. Aber nicht immer. Ist die bleiglatte Fläche, die das nahende Gewitter zu spüren scheint, nicht bedrohlich? Vielleicht bedrohlich, aber trotzdem schön. Nein nein, so gefällt es mir gar nicht, am schönsten ist es dunkelblau, leicht gekräuselt, besonnt und glitzernd, am schönsten ist es, wenn Delphine springen, an langen heißen Nachmittagen, wenn es einen träumen läßt, von der Insel Kythera zum

Beispiel, von der Liebe. Aber vielleicht gefällt es dir besser, wenn es grünlich gischtet und sich mit weißen Schaumkronen schmückt, vielleicht sogar, wenn es farblos und kalt in Nebel und Schneegestöber verschwindet. Schönheit fächert sich auf wie ein Pfauenschweif. Kann man über sie streiten? Aber ja, wie über alles Unverständliche. Ich denke, Schönheit kann jeder verstehen? Jeder glaubt, sie zu verstehen, vielleicht führt man darum keine Kriege wegen ihr.

Wollen Sie baden, fragt der Chauffeur … Gern. Baden Sie auch? … Ich bade nie, aber ich schaue Ihnen mit Vergnügen zu … Mein Sohn und ich gehen in das weiche warme freundliche nur sachte tiefer werdende Wasser hinein. Unsere Hände strecken sich ihm schon entgegen, sie spielen, erzeugen kleine Katarakte und Fontänchen, bis es zum Schwimmen tief genug ist. Als ich mich, schon weit vom Ufer entfernt, umdrehe, bemerke ich, daß der Chauffeur ausgestiegen ist und seinen Gebetsteppich ausgebreitet hat. In seinem leuchtend weißen Boubou kniet er darauf und macht die vorschriftsmäßigen Verbeugungen. Hat er uns das Bad vorgeschlagen um uns eine Weile los zu sein und sein Gebet in der dafür vorgesehenen Zeit verrichten zu können? Wir lassen uns parallel zur Küste auf dem Rücken treiben und schwimmen erst zurück, als der Chauffeur seinen Teppich – eine Strohmatte mit einer darauf abgebildeten Moschee – zusammenrollt, sich danebensetzt und nach uns Ausschau hält.

Das Wort Marabout wird manchmal voll Hochachtung ausgesprochen, manchmal voll Geringschätzung, manchmal voll Haß. Die Mouriden? Das sind Ketzer, eine Sekte, die stößt ihre Anhänger ins Nichts. Sie hat trotzdem treue Anhänger, die talibés, das sind die jungen Schüler, ihnen wird als erstes erklärt, daß sie sich um ihr Seelenheil nicht zu kümmern brauchen, sie sind sogar vom Beten befreit, das erledigt der Marabout für sie und garantiert ihnen, daß er sie in den Himmel führen wird. Das verdient Belohnung, nicht wahr? Da er die frommen Pflichten aller Adepten übernimmt, dürfen sie für ihn schuften. Am Anfang soll das Ganze ein Unternehmen zur religiösen Erziehung gewesen sein. Die jungen Talibés, damals durchaus noch selber mit Beten beschäftigt, verdienten ihren Lebensunterhalt mit Betteln. Danach verwandelten sich die Sektenniederlassungen in Arbeitslager, die Schüler wurden zu – freiwilligen – Sklaven. Ihre Eltern kleiden sie, der Marabout stellt ihnen Felder zur Verfügung, auf denen sie Hirse anbauen dürfen. Souverän – je nach Arbeiter-Bedarf – bestimmt er darüber, in welchem Alter sie befreit werden, manchmal erst mit vierzig Jahren. Er gibt ihnen dann eine Frau und weist ihnen einen Platz zum Wohnen an. Damit sie einen Haushalt gründen können, leiht er ihnen einen Teil des Geldes, das sie während ihrer Sklavenzeit für ihn verdient haben. Mit diesem Geld hilft er ihnen auch, wenn die Ernten zu gering ausfallen und Hunger droht. Den größten Teil davon verwendet er für sein reiches Leben, er kauft viele schöne Frauen, die er, wenn sie ihm nicht mehr gefallen, an die Befreiten austeilt. Die Mouriden sind Schinder und Geschundene. Aber, sagt der Chauffeur, sie haben Unternehmergeist, und ihre Losung ist: Ordnung, Arbeit, Disziplin. Sie beschäftigen sich mit der Landwirtschaft, was viele freie Bauern nicht mehr tun wollen. Unter der Leitung der Marabouts werden Brunnen ausgehoben, das Land bewässert, Geräte angeschafft, die Erdnußfront rückt vor.

Wir fahren mit dem Bürgermeister von Bignona zur Eröffnung eines Kindergartens in das abgelegene Dorf Badine. Die vielen Kinder im Kindergarten machen nicht den Eindruck, als seien sie heute zum ersten mal gekommen, sie zeigen sich vertraut mit der Umgebung. Das Haus ist ein Atriumbau; um den viereckigen Hof, in den die Sonne erbarmungslos hineinbrennt und in dem die Kleinen spielen, läuft ein überdachter, von hölzernen Säulen gestützter Umgang. Dort stehen im Schatten mehrere Kalebassen, aus denen die Kinder, wenn sie durstig sind, mit kleinen Blechschüsselchen Wasser schöpfen. Nachdem wir die Kindergartenleiterin begrüßt haben, versammeln wir uns im großen Saal. An den langen Tisch setzen sich der Präfekt des Distrikts, sein Dolmetscher, der Dorfälteste von Badine, der Bürgermeister von Bignona und die Kindergärtnerin mit ihren zwei jüngsten Kindern: auf Stühle in der Nähe des Tisches zwei Leute von der Presse und wir zwei weißen Besucher: die etwa siebzig Kinder nehmen im Türkensitz auf dem Boden Platz und hinter ihnen drängen sich auf Holzbänken die Mütter. Die Notabeln sitzen teils, teils stehen sie seitlich neben den Kindern.

Der Präfekt, ein Mandingue, hält eine französische Rede, die vom Dolmetscher ins Diolà übersetzt wird. Der Präfekt versteht zwar das Diolà einigermaßen, kann es aber nicht sprechen. Die Mandingues sind ein Volksstamm, der den Diolà jetzt nicht mehr kriegerisch, aber immer noch unfreundlich gegenübersteht. Sie kamen Anfang des Jahrhunderts aus dem Landesinneren, von wo genau wissen sie nicht, setzten sich in einem wilden Waldgebiet neben den Diolà fest und hielten bedrohliche Nachbarschaft, indem sie räuberische Überfälle auf Diolàdörfer unternahmen. Einige Diolàdörfer eroberten sie, machten die Einwohner nieder oder vertrieben sie und quartierten sich selbst in den Hütten ein. Die Versuche der Diolà, ihre Dörfer zurückzugewinnen, scheiterten meist, die Mandingues waren zäh und kampfgewohnt. Buschkriege züngelten auf, die viele Todesopfer forderten. Das Gebiet wurde lange Zeit nur unregelmäßig bewirtschaftet, die Lebensmittel wurden knapp. In den zwanziger Jahren verboten die Franzosen die Kampfhandlungen bei hohen Strafen und das bewegte Bevölkerungsmuster erstarrte: das Randgebiet der Diolà blieb von Mandingue-Inseln durchsetzt. Von Heiraten oder Freundschaften zwischen den beiden Stämmen ist immer noch keine Rede. Die Regierung in Dakar möchte den Senegal zu einer nationalen Einheit zusammenschweißen. Stammesfehden und -gegensätze sind der Erreichung dieses Zieles hinderlich. Und weil Kennenlernen immer schon ein erster Schritt zur Beendigung der Feindseligkeiten ist, mischt man überall ein paar stammesfremde Vorgesetzte unter die Bevölkerung; sie haben die Regierungsziele zu vertreten … Wir sind vor allen Dingen, sagt deshalb der Präfekt in seiner Ansprache, vor allen Dingen Senegalesen. Erst dann sind wir Bauern oder Funktionäre und erst danach Diolà oder

Mandingues, Ouoloffs, Sérères, Toucouleurs oder Peulhs. Sie kennen die schöne Geschichte von der Entstehung der Diolà und Sérères, oder nicht? Vor langer langer Zeit kam ein kleiner Stamm auf Landsuche den Gambiafluß heruntergefahren, sie hatten ihre Piroggen zusammengehängt und ließen sich langsam in der Mitte des Stromes treiben. Ein entsetzlicher Sturm ließ die Boote kentern, die Menschen mußten sich schwimmend retten. Sie wissen, wie breit der Gambiafluß ist: man ist glücklich, daß man überhaupt an ein Ufer gekommen und nicht untergegangen ist wie mancher andere und schwimmt nicht wieder zurück, wenn man bemerkt, daß nicht alle an dasselbe Ufer gelangt sind. Wenn man genug Land findet, bleibt man erst recht, wo man ist. Nun, aus dem Rest der Schiffbrüchigen rechter Hand vom Fluß sind die Sérères, linker Hand die Diolà entstanden. Sie sind Brüder, nicht wahr, nur die Sprachen haben sich verschieden entwickelt. Vielleicht sind die Diolà und Mandingues auch Brüder und haben bloß, weil es zu lange her ist, die Geschichte ihrer gemeinsamen Abkunft vergessen ... Dann wendet sich der Präfekt den praktischen Dingen zu: warum bauen wir Kindergärten? Denken Sie an Ihre Erdnußfelder, wenn Sie sie nicht pflegen, werden Sie keine gute Ernte haben. Beim Reis dasselbe. Bei Kindern sollte es anders sein? Sie wissen, wieviele Kinder krank sind oder gar sterben, das muß nicht sein, wenn man richtig für sie sorgt. Stimmt, in vielen Familien haben die Mütter keine Zeit dazu, darum will ihnen der Kindergarten einen Teil der Arbeit abnehmen. Hier wird Ihnen, liebe Mütter, auch gezeigt, was Sie tun können, damit Sie schöne, gesunde und liebe Kinder haben. Je besser man sie wäscht, desto weniger kann der

Schmutz ihnen Krankheiten bringen. Sie fragen, der Schmutz? Ja, er ist ein großer Krankheitsbringer. Warum soll man den schrecklichen Krankheiten ausgeliefert sein, wenn es so leicht ist, ihnen auszuweichen: waschen, waschen und noch einmal waschen. Und wieviel Kinder verlieren Sie durch Unfälle! Auch die Zahl dieser Tragödien ist leicht zu senken, indem man auf die Kleinen aufpaßt, so daß sie nicht in den Fluß fallen und ertrinken oder sich im Busch verirren und verhungern. Sie sagen, ein Kind ist schnell wieder gemacht, aber Kinder leben ebenso gerne wie Sie, auch sie möchten glücklich sein, sie sind es nicht, wenn man sie unwirsch und böse behandelt, auch werden sie dann selber so, weil sie nichts anderes kennen. Gehen Sie liebevoll um mit den Kindern, sie werden dann Ihnen gegenüber und untereinander freundlich und weniger heimtückisch und grausam sein. Als Erwachsene werden sie dann Sinn für das Gemeinwohl haben und ihre Kräfte nicht in sinnlosen Streitereien vergeuden. Unsere Kinder sind die Zukunft unseres Landes, sehen wir zu, daß wir eine gute Zukunft haben!

Während der Rede des Präfekten lächle ich den Kindern, die vor mir auf dem Boden sitzen, zu. Gewiß ist die Ansprache für sie langweilig. Mein Lächeln ist eine Saat, die aufgeht, ein Kind nach dem ändern lächelt zurück, die Gesichter blühen auf, tropische Blumen blühen mir entgegen. Wir verstehen uns sofort, die Kinder und ich, wir brauchen keine Sprache, keinen Dolmetscher, keine Staatsbürgerkunde, unsere Vermittler sind die Augen, sie treffen sofort ins Herz.

Als ich ein Kind war, ist bei uns die Kälte Mode geworden, erzähle ich, wir haben begonnen, auf die Berge zu steigen, sind bis ins ewige Eis vorgedrungen, haben uns auf Ski gestellt und sind blendend weiße Hänge hinuntergefahren. Früher haben wir uns nach einem harten Winter auf den Frühling gefreut, aber wer tut das noch, ein paar hoffnungslos Gestrige, zum Beispiel ich. Die lawinengefährdeten, windigen Alpenpässe haben wir jahrhundertelang nur als Übergänge benutzt, nicht als Tummelplätze, wir waren jedesmal froh, wenn wir sie überwunden hatten und in ein freundliches Tal gekommen sind. In den Tälern haben wir wunderschöne Frühlings- und Liebeslieder gesungen, Frühling und Liebe gehörten zusammen, dann haben wir angefangen, an gespannten Saiten herumzuzupfen und zu -streichen, wir haben allerlei Instrumente erfunden, um die Lieder zu begleiten, schließlich haben wir die Instrumente kunstvoll zusammengestellt, die Musik ist immer volltönender geworden, eine Zeitlang haben wir sie in den Schlössern gespielt, da war sie noch galant, von Liebe, von Frühling noch Spuren, danach hat sie sich auf die Vergangenheit besonnen und ist sehnsuchtsvoll geworden, romantisch, gleichwohl immer üppiger, jetzt dröhnt sie, tausendmal verstärkt durch die ganze Welt. Im Lautschatten dieses Getöses hat sich fast unbemerkt eine neue leise Musik entwickelt, die weit hinausführt in den leeren Himmel.

Als der Himmel leer wurde, haben wir die Kälte zu lieben begonnen. Aber so ist es nun wieder nicht, daß die uns alles bietet, was wir brauchen. Je länger wir uns ihr aussetzen, desto mehr jammern wir nach menschlicher Wärme und immer glauben wir, die hat es früher gegeben. In den Tälern, wo die Schlösser stehen ... Ach, denken wir nicht an die feindseligen Raubritterburgen auf jedem Luginsland, denken wir an die heiteren Schlösser. Es ist wahr, wir haben bloß ein historisches Interesse an ihnen, in diesem Prunkbett hat Napoleon geschlafen, aber Sie sehen, es ist einfach und klassizistisch. Sie sollten das Bett Marie-Antoinettes einmal sehen, aber was ist denn das historische Interesse, was versteckt es, was offenbart es? Ein paar von uns sind Schönheitsliebhaber, die Geschichte ist ihnen gleichgültig, aber schöne Sachen sollten gerettet werden - gräßlich eine Zeit, die alles verfallen läßt – unsere, Gott sei Dank, besinnt sich, sie rettet restauriert, stellt da und dort einen schönen früheren Zustand wieder her. ...

Ich sitze mit der weißen Sekretärin, die wir auf einem Empfang im Informationsministerium kennengelernt haben, in der Snack-Bar, aber im Freien, unter einem blaugrün gestreiften Sonnendach. Zu Hause in Nancy, sagt sie, habe ich es nicht mehr ausgehalten. Suleiman! – Sie ruft einen der unermüdlich die Cafés durchstreifenden Händler herbei –, eine schöne Kette bitte! ... Nach längerem Suchen entscheidet sie sich für eine schwere Plastikkette aus braunen und blauen Dreiecken und zitronengelben spindelförmigen Zwischengliedern; diese sind der Länge nach, die fünf Zentimeter hohen Dreiecke sind an der Spitze durchbohrt. Gefällt sie Ihnen, fragt die Sekretärin mit blitzblauen Riesenaugen. ... Nun ... Sie lacht: Sagen Sie ruhig, daß sie häßlich ist, Sie kränken mich nicht damit. Haben Sie hier schon etwas Kunstgewerbliches entdeckt, das schön aussieht? ... Die Goldarbeiten sind oft sehr hübsch und fein ... Die sind das Einzige – da kommt Achmed mit einer geschnitzten Antilope, es ist die mit dem gesenkten Kopf, die ein Junges säugt. Souvenir, Souvenir. Auch hier tun sie es uns nach, schade, wir geben kein nachahmenswertes Beispiel. Wie schön waren ihre früheren Erzeugnisse, die holzgeschnitzten Fruchtbarkeitsstatuen mit Brüsten spitz wie Kirchturmdächer. Ich habe eine Figur zu Hause, fünfzig

Zentimeter hoch, das Köpfchen wie ein fast liegendes Ei, das Kinn weit vorgereckt, der Schädel ausladend nach hinten; aber fragen Sie nicht, wie teuer das Stück war … Die Sekretärin starrt auf die schauerliche Kette und Achmed hält mir die säugende Antilope unter die Nase, bon marcé, wispert er, aber ich kann mich nicht überwinden, sie zu kaufen. Die Sekretärin versinkt in Grübeln und mich packt Betrübnis, ich schüttle bloß den Kopf, als ein anderer Achmed mit Trommeln vorbeikommt. Hoch im Norden, fällt mir ein, schlagen sie sich mit Birkenreisern, aus der Sauna kommend, nackt und ungeheuer weiß und fein und schön wie der Mond und hier im Urwald trommeln sie bis der Körper nur noch aus Seele und die Seele nur noch aus Körper besteht und keine Zeit und kein Unglück mehr kennt. Achmed trommelt nicht, seine Trommeln sind nur ungestimmte kleine Touristentrommeln, er kennt den Urwald nicht. Seit seiner Geburt lebt er in Dakar, er ist ein armer Händler und wird nie etwas anderes sein.

Die Sekretärin blickt von der Kette auf: Sie werden fragen, wozu ich sie kaufe. Ich will sie einem schwarzen Mädchen schenken, das im selben Haus wohnt wie ich. Die Weißen sind ihr Traum, »schwarz ist schön« will sie nicht gelten lassen, sie bewundert mein langes blondes Haar und meine himmelblauen Augen. Sie beneidet mich darum, schaut mich aber nicht schief an, dazu ist sie zu jung. Sie ist nicht verheiratet und muß nicht fürchten, daß ich ihr den Mann wegnehme. Die Afrikanerinnen sind Vielweiberei und Unterwerfung gewohnt und man behauptet oft, es mache ihnen nichts, wenn eine neue Frau im Haushalt auftaucht, noch weniger berühre es sie, wenn sie eine Geliebte nicht zu sehen bekommt. Die Behauptung ist falsch. Die schwarzen Frauen leiden wie wir, nur machen sie kein Geschrei. Aber die Augen! Wenn man sich überraschend umdreht und sieht, wie sie einen verfolgen! Voll Haß und wilden Verwünschungen, geh zugrunde, Räuberin, an der Malaria, am Gelbfieber, oder stürz ab in einem Flugzeug, stürz ab! Ach, auf der ganzen Welt glauben die Unglücklichen, daß sie die Guten, die Unglücksbringer aber die Bösen sind. Das Mädchen dagegen, dem ich die Kette schenken will, wünscht, daß ich den schwarzen Männern gefalle, hoffentlich enttäusche ich sie nie, Enttäuschungen sind eine so scheußlich harte Schule. Neulich hat das Kind von einer solchen Kette geschwärmt – die Sekretärin hebt sie hoch und läßt sie klappernd auf den Tisch zurückfallen – ich könnte ja ein schöneres Schmuckstück kaufen, ein französisches, damit sich der Geschmack der Kleinen bildet, aber sind solche Erziehungsversuche nicht anmaßend? Bei dem einheimischen Schmuck kann sie nicht das Gefühl haben, daß ich afrikanische Erzeugnisse gering schätze ... Vielleicht würde sie sich durch eine französische Kette besonders geehrt fühlen? ... Möglich; ich glaube aber, sie möchte nicht so sehr geehrt als geliebt sein ... »Ein weites Feld«, denke ich, Liebe und Ehre, ein weites Feld. Ein Mißverständnis fürchten Sie nicht? ... Aber nein ... Nie im Umgang mit den Afrikanern? ... Mißverständnisse sind unvermeidlich, man glaubt, ein gutes Wort zu sagen, aber nein, es ist eine Beleidigung, man merkt es daran, daß das Lächeln traurig wird; ein Blick kann indessen alles wieder einrenken. Sie sind so empfindlich, weil sie unsicher sind – ein sicherer Mensch legt ja noch die eindeutigste Beschimpfung zu seinen Gunsten aus, ein Unsicherer meint, man kränkt ihn mit Absicht, allerdings hat er manchmal recht ... Die Sekretärin unterbricht sich, schaut kurz auf ihre Plastikkette, während ich zwei fliehende Antilopen abwehre, und fährt fort: Wollen Sie wissen, wie es mich hierher verschlagen hat? Ich war Schreibkraft in Nancy und arbeitete in einer schlauchartigen Kanzlei mit drei Schreibtischen an der linken Längswand, die alle gegen die Tür in der Schmalseite ausgerichtet waren. Ich saß am ersten Schreibtisch, konnte also nicht sehen, was meine Mitarbeiter trieben, außer wenn ich mich umdrehte. Wir hatten nicht viel zu tun, vielleicht war das der Grund, weswegen wir uns nicht leiden konnten, das heißt, immer mochten zwei den dritten nicht. In der Zeit, von der ich reden will, vertrug ich mich mit Lucien vom dritten Schreibtisch, der ausgeschlossene Gaston vom zweiten beobachtete uns gegenüber ein eisiges und verächtliches Schweigen. Gaston klebte Stunde um Stunde an seinem Tisch, Lucien dagegen unternahm häufige Spaziergänge. Ich selbst zog es bei Arbeitsmangel vor, meine Fingernägel zu pflegen oder einen Privatbrief zu schreiben. Allen, die an der Glastür unseres Büros vorbeikamen, lächelte ich freundlich zu. Am Nachmittag des vierzehnten Mai war Lucien wieder einmal unterwegs, Gaston verhielt sich schweigend. Ein paar mal hörte ich seinen Stuhl quietschen, einige male räusperte er sich diskret, einmal seufzte er tief. Endlich sah ich Lucien den Gang entlangkommen und lächelte ihm zu. Er trat ein, lächelte aber nicht, sondern schaute über mich hinweg und das veranlaßte mich, mich umzudrehen. Ich stieß einen Schrei aus, Gaston hing über die Seitenlehne seines Stuhles. Tot, fuhr es mir durch den Kopf und gleich darauf stellte sich heraus, daß er wirklich tot war. Wir verständigten die Betriebsleitung, die Rettung kam, Gaston wurde fortgeschafft. Daß Sie aber gar nichts gehört haben? sagte Lucien zu mir, Sie haben ihn nicht leiden können ... Ich war überrumpelt, starrte sprachlos, wie konnte er so etwas sagen, in diesem Ton, er mußte doch wissen, daß das keine Bedeutung hatte, wie oft hatte er ihn nicht leiden können. Von da an wurde er unfreundlich zu mir, auch die Leute aus den anderen Büros rückten von mir ab, nicht daß ich es gleich gemerkt hätte, erst nach einiger Zeit wurde mir die Kälte rings um mich bewußt. Mein Lächeln hatte mir nichts genützt und eines Tages stellte ich fest, daß ich es verlernt hatte. Meine früher so beweglichen Eigenschaften waren zusammengesintert und in einer zufälligen Konstellation zueinander festgefroren. Wie ein Kiesel kam ich mir vor, abgeschliffen und hart, zum Schmelzen nicht fähig, dennoch ängstlich vor Fußtritten. Jede Bemerkung meiner Kollegen mir gegenüber ein Fußtritt und ich ohnmächtig dagegen, konnte nur noch hilflos weinen, nicht einmal die Hand ausstrecken, es wäre bestimmt die falsche Richtung gewesen. In dieser Verfassung traf ich den Senegalesen Camara, den trieb ein schreiendes Heimweh in den Straßen und Abenddämmerungen herum. Er lächelte mir zu, es war in der Pépinière, wir gingen im Rosengarten spazieren, er witterte mein Unglück, ich seines. Ich wurde eifersüchtig auf sein Heimweh; daß dieser Mensch ein so starkes Gefühl hatte, während ich nur leer und kalt war! Sein Heimweh überschwemmte mich, sickerte in mich ein, ich war ein rissiges Stück Brachland, das endlich Wasser bekommt. Camara und ich verbrachten viele Stunden des kühlen lothringischen Sommers zusammen, wir tranken Kaffee auf der place Stanislas und Camara erzählte vom Senegal. Ich fing an, das Land zu lieben, lange bevor ich hierhergekommen bin. Ich erfuhr, daß Dakar vor einigen Jahren seinen hundertsten Geburtstag gefeiert hat und daß es eine französische Gründung ist, daß es auf einer nur durch eine schmale Landenge mit dem Festland verbundenen Halbinsel liegt, Cap vert, der das Inselchen Goré vorgelagert ist. Cap vert soll schon von Urzeiten an besiedelt gewesen sein, die Bewohner, Animisten, opferten seit Menschengedenken junge flügelschlagende Hähne – da ließ eines Tages ein Marabout sich am Tamarindenbaum nieder, der vorzeiten am äußersten Ende des Festlandes gestanden sein soll. Der Baum hieß von nun an Dakharou Dial Diop, der Tamarindenbaum des Dial Diop, daghar heißt Tamarindenbaum. Der Marabout Dial Diop verkündete den Islam, viele Dorfbewohner ließen sich bekehren, er soll aus einer sehr fernen Gegend eingewandert und endlich ein einheimisches Mädchen geheiratet und eine Dynastie gegründet haben, die Séringues Dakharou, aus welcher viele religiöse und auch politische Häuptlinge entsprossen sein sollen. Das ist allerdings nicht die einzige Geschichte der Namensentstehung, es gibt deren mehrere, eine davon, behauptete Camara, ist besonders glaubhaft. Man weiß, daß die ersten Europäer, die sich an der Westküste Afrikas ausschifften, unkriegerische Portugiesen waren. Zwischen ihnen und den Schwarzen entwickelte sich schnell ein Handel, bei dem sich jedoch beide Seiten übertölpelt vorkamen und sich gegenseitig vorjammerten: N'dakaro, n'dakaro, ich zahle zuviel, ich zahle zuviel. Ein Europäer mit wenig Geld, – unterbricht sich die Sekretärin lachend –, kann diese Klage auch jetzt noch anstimmen, ich tue es nicht, ich bin durch nichts zu enttäuschen. Als Camara mir die Liebe zu seinem Land einpflanzte, war ich anfangs betrübt, daß ein fremdes Gefühl mich hierhertrug und nicht mein eigenes, doch das vergaß ich bald. ... Haben Sie kein Heimweh, will ich wissen ... Ich neige nicht so sehr dazu, im Gegensatz zu Camara – der sich aber jetzt schon wieder nach Frankreich sehnt ... Will er denn nicht im Senegal bleiben? ... Doch ... und Sie? ... Ich auch, vorderhand - was ich im Alter tun werde, weiß ich nicht. ... Vielleicht kommt die Liebe zu Frankreich zurück ... Die war nie verschwunden. La Lorraine, wer könnte sie je vergessen? Ich habe Camara von Jeanne d'Arc erzählt – demnächst werde ich für ein halbes Jahr meine Mutter besuchen, sie hat sehr geweint als ich weggegangen bin ... Madame, sagt ein Händler neben meinem Ohr, bon prix d'ami ... er hat ein langgehörntes Holztier auf den Tisch gestellt ... Non merci ... Ich muß in einer halben Stunde ins Ministerium zurück, sagt die Sekretärin, wir könnten zusammen noch einen Pernod trinken ... Ein Händler kommt mit einer Trommel. Was kostet sie? ... Achthundert Francs ... Mais non, c'est trop cher ... Fünfhundert ... Vierhundert... Voilà ... Wider Erwarten gehört die Trommel mir. Schon ist ein neuer Händler da mit einer Hose auf dem Arm, bon prix d'ami ... Allez, sagt der Kellner, der den Pernod bringt, laisse la dame tranquille ... Ich gebe ihm immer ein großes Trinkgeld. Mein Sohn, der wegen einer Magenverstimmung beim Arzt gewesen ist, setzt sich zu uns. Schon hat ein kindlicher Schuhputzer ihm eine Sandale ausgezogen und versteckt, er will sie nicht mehr zurückgeben, wenn er meinem Sohn nicht die Schuhe putzen darf. Auch in dieser Zwangslage erweist sich der Kellner als hilfreich. Auf einem Brett mit winzigen Rädern naht ein Bettler, er bewegt sich, indem er sich mit den Händen immer wieder vom Boden abstößt, mit seinen kurzen verkrüppelten Beinen kann er nicht gehen, vous avez dit la proçaine fois, lacht er zu mir herauf, ... Voilà, monsieur ... Er schaut nach, was ich in seine Schachtel gelegt habe, es ist ziemlich viel, deshalb wird er morgen unsern Tisch übergehen.

Die Sekretärin verstaut die Kette in ihrer Tasche und verabschiedet sich. Auch wir stehen auf, die ärgste Nachmittagshitze ist vorbei und wir schlendern durch den Straßentrubel nach Hause. Unterwegs kaufen wir bei einer alten Frau mit nacktem Oberkörper, die auf dem Boden sitzt, ein Päckchen Erdnüsse, die sie gerade vorher in heißer Asche leicht geröstet und mit Salz bestreut hat. Das ganze Stadtviertel riecht nach Erdnüssen, es gibt hier eine Erdnußverwertungsfabrik, in der Öl hergestellt wird.

Früher, erzählt uns ein Mann namens Diop – vielleicht ein Nachkomme des Tamarinden-Diop –, der im Museum arbeitet, sind öfters plötzlich von irgendwoher Leute gekommen. Beim Aufwachen hat man am anderen Flußufer, wo vorher nichts war außer Gras und einer Antilopenherde dann und wann, Feuer gesehen und Menschen, die sich um das Feuer herumbewegten. Man hat sie eine Weile beobachtet: würden sie weiterziehen, würden sie hierbleiben? Wenn sie hierblieben, entschloß man sich eines Tages, mit den Booten über den Fluß zu fahren und die Ankömmlinge in Augenschein zu nehmen. Meist verstand man halbwegs ihre Sprache. Woher kommt ihr? … Von weit, wir sind müde.

Alte Leute erinnern sich, daß auch ihre Familien früher nicht immer am selben Ort gewohnt haben. Nomaden? Aber schon lange nicht mehr … Als wir hier ankamen, floß da ein Bach … sie reden von der Landenge, die Dakar mit Rufisque, einer kleinen Stadt, mit der Dakar zusammenwächst, verbindet. Als die Portugiesen landeten, soll da ein schmutziger Fluß ins Meer geflossen sein, rio fuscu. Er trocknete nach und nach aus und es entstanden lauter kleine geschlängelte Bäche, die schließlich auch versiegten, das letzte kümmerliche Rinnsal befand sich an der Stelle der jetzigen Hauptstraße von Rufisque. Uralte Einwohner der Stadt erinnern sich noch an ihren einheimischen Namen Teungue-Guetch, der weder phonetisch noch bedeutungsmäßig etwas mit Rufisque zu tun hat. Weit im Landesinneren gibt es ein Dorf Teungue, guetch heißt Meer. Wahrscheinlich sind vorzeiten Leute aus Tuengue an die Küste gewandert und haben hier ein zweites Teungue gegründet, Teungue am Meer. ... Wird man eines Tages die einheimischen Namen wieder einsetzen? ... Vielleicht? Wenn ja, wird es Streitereien geben, die Namensgeschichten sind nicht verbürgt. Und aus welchem Grund sollte man auf ursprüngliche Namen zurückgreifen? Aus Nationalstolz? Die Europäer wollen sich ihn abgewöhnen und wir wollen ihn künstlich züchten! Nun, die Nationalisten können sich freuen, sogar Saint Louis, die nördliche Stadt am Senegalfluß, eine rein französische Gründung, kann mit einem einheimischen Namen aufwarten: N'dar, was vermutlich maurischen Ursprungs ist und von dar, das heißt Dorf, kommen soll. Andre Leute sind der Ansicht, daß N'dar eine Mutation von N'der ist und N'der ist der Hauptort der Ouoloffs. N'dar sei also eigentlich kein maurisches, sondern ein Negerwort. Andererseits weiß man, daß einst eine Ouoloff-Prinzessin einen maurischen König geheiratet hat und daß dieser Gemahl es sehr gut verstanden hat, maurische Gebräuche im ganzen Ouoloffland zu verbreiten. Maurische Worte sickerten in den Ouoloff-Dialekt. Maurische Nomaden rückten aus dem Norden vor und weideten schließlich ihre Herden am Nordufer des Senegal. In diesem Landstrich entstand später das Dorf Guetou N'dar, was vielleicht Gartendorf heißt. Es ist schon möglich, daß Saint Louis seinen einheimischen Namen von diesem maurischen Dorf entliehen hat. Dies anzunehmen ist heute freilich nicht opportun und so werden sich die Schulbücher wahrscheinlich für N'der, das Ouoloff-Wort, entscheiden. Es kann sein, daß beide Theorien falsch sind, denn sowohl die ehemalige Hauptstadt von Ouoloffs N'der, das sich wundersamerweise in N'dar verwandelt hat, als auch das maurische Dorf Guetou N'dar waren von dem Platz des heutigen Saint Louis ziemlich weit entfernt. Daß dieses den Namen N'dar – uralte Leute gebrauchen ihn noch – erhalten hat, ist sicher, wie und durch wen zuerst, ist ein Rätsel. Für die Schwarzen soll der Name Saint Louis eine Zeitlang gleichbedeutend mit »Land der Freiheit« gewesen sein, weil jeder Sklave, der hier den Fuß an Land setzte, unter Anrufung des heiligen König Ludwig des Retters, die Freiheit erlangte. ...

Auf unserem Inselchen Goré, erzählt der Museumsangestellte, habe ich einen amerikanischen Touristen herumgeführt, auf dessen Hemd »Kill them all« zu lesen war. Die Insel, erzählte ich ihm, war lange Zeit Sklavenumschlagplatz. Hier hat man die zukünftigen Sklaven, die oft von ihren eigenen Familien verkauft wurden, gesammelt, bevor man sie nach Amerika und den Antillen einschiffte. Man pferchte sie so sehr zusammen und ernährte sie so schlecht, daß viele schon auf der Überfahrt zu Grunde gingen ... Ich bin ein Söldner, erklärte der Tourist, im Senegal bin ich auf Urlaub, aber im übrigen Afrika habe ich viel zu tun ... Gleichmütig schaute er über den hellen, funkelnden Atlantik. Es interessierte ihn nicht, daß der Name Goré von den Holländern stammt, die als erste Europäer die Insel besetzten, daß sie schon 1667 in französische Hände überging, daß sie mit ihrem einheimischen Namen Beyrrh hieß – nach einer Pflanze, die fast als einzige dort wuchs – und daß die kleine Stadt, die auf ihr entstand, bis neunzehnhundertacht die Hauptstadt des Senegal war. Seine Augen leuchteten erst auf, als er durch die unterirdischen Soldatenunterkünfte und Schützengräben kriechen durfte – im zweiten Weltkrieg wurde die Insel stark befestigt, zum Schutz der französischen Flotte, die sich bei Goré versteckt hielt. Noch jetzt schauen die Kanonenrohre dümmlich und museal über den Ozean. Verständnislos glotzen sie in die Richtung, die die Sklavenschiffe und mit ihnen so viele schwarze Landsleute genommen haben. Die Kinder des schwarzen Erdteils sind im weiten Amerika verschollen, gekommen sind dafür Pflanzen, die früher in Afrika nicht heimisch waren, Banane, Kakao, Reis, die Schwarzen haben sich mit ihnen angefreundet und leben davon. Kommt zurück, fordern sie jetzt öfters ihre schwarzen Brüder in Amerika auf, ihr seid jetzt frei, kommt zurück. Die aber haben taube Ohren.

Die Insel Goré ist lieblich, sonnig und ruhig. Daß sie so viel Leid gesehen hat, ist nicht zu spüren, sie sieht erholt aus, ist aber noch müde, am liebsten möchte sie schlafen. Sie träumt. Goré: der westlichste Zipfel Afrikas - Afrikas, das sich so rund und weit in den Atlantik buchtet, das sich sehnsüchtig nach Westen streckt …

Morde

Da liegen sie ausgestreckt auf den gefangenen Straßen entlang den Straßen des Unheils
Die schlanken Pappeln, die düsteren Götterbilder in ihre langen Goldmäntel gehüllt
Die Gefangenen vom Senegal dunkel ausgestreckt auf die Erde Frankreichs.

Vergebens mähten sie ab dein Lachen, vergebens die Blüte des schwärzeren Fleisches
Du bist die Blüte ursprünglicher Schönheit in blütenlos kahler Ödnis
Schwarze Blüte mit ernstem Lächeln, Diamant einer unvordenklichen Zeit
Ihr seid der Schlamm und das Plasma des urgrünen Frühlings der Welt
Ihr seid das Fleisch des urersten Paares, der fruchtbare Schoß, der Pollen,
Ihr seid das heilige Urgewucher der lichten paradiesischen Gärten.

Und der unbezwingbare Wald, siegreich über Feuer und Blitz.
Der weite Gesang eures Bluts wird Maschinen und wird Kanonen besiegen
Euer pochendes Wort die Sophismen und Lügen
Kein Haß eure haßlose Seele und keine List eure listlose Seele.
O schwarze Märtyrer, ihr unsterblich Geschlecht, laßt mich die Worte sprechen, welche verzeihen.

Léopold Sédar Senghor (Übers. von Janheinz Jahn)

Die Weißen, behauptet Joseph, sind die Menschen des großen Vorbei. Schnell noch den Äquator überschreiten, weil man gerade in der Nähe ist – alles abhaken, was man gesehen hat, vite vite vite. Sie haben ein wahrhaft don-juaneskes Wesen, unersättlich, aber verständlicherweise vergeßlich bei all den Eindrücken. Was kann ein Land, das keine nennenswerten Schönheiten, keine dramatische Landschaft aufweist, einem Europäer bieten, nachdem er sich daran gewöhnt hat, daß die Leute schwarz und in der Mehrzahl arabisch gekleidet sind? Ein paar Anekdoten? Über Thies zum Beispiel, das seinen Namen einer Kiste und seinen Aufschwung der Eisenbahn verdankt? Es ist Knotenpunkt, hier gabelt sich die von Dakar kommende Linie, der eine Strang führt nach Saint Louis im Norden, der andere weit und quer durch den Senegal nach Osten ins benachbarte Land Mali bis zur Hauptstadt Bamako. An der Stelle von Thies gab es früher ein paar verstreute Sérères-Dörfer und in einem derselben, es dürfte um die Jahrhundertwende gewesen sein, kam eines Tages eine europäische Expedition an. Die schwarzen Träger schleppten eine Riesenkiste, die die Dorfbewohner bestaunten, ein Gepäckstück von derartigen Ausmaßen hatten sie noch nicht gesehen. Über dessen Inhalt ist nichts bekannt. Waren die Europäer Händler, Forscher? Keine Ahnung – zwischen ihnen und den Dorfbewohnern soll sich ein Dialog entwickelt haben, in dem das Wort caisse ziemlich häufig fiel, caisse Diankhine sollte fortan ihr Dorf heißen oder überhaupt bloß caisse, meinten die begeisterten Diankhiner, und aus caisse entwickelte sich Thiès, vielleicht weil man es früher mit der Rechtschreibung nicht allzu genau nahm …

Über Kaolack gibt es nicht einmal eine Anekdote, es ist die Hauptstadt der Hitze, hier übertrifft der heiße Senegal sich selbst, die Herkunft des Namens Kaolack, der ein Ouoloff-Wort ist, ist ein Rätsel. Ihren Aufschwung verdankt die Stadt dem Meeresarm, der sich bis zu ihr erstreckt. Dieses flache weitläufige Gewässer reizte zur Salzgewinnung. Man könnte meinen, daß die Sonne in der Hauptstadt der Hitze das Salz ganz allein auskocht – Wegkratzen genügt – aber so ist es nicht. Salzgärten müssen angelegt und unterhalten werden. Zwar leckt die Sonne im Handumdrehen das Wasser aus den Salinen, aber um das Raffinieren des Rückstandes kommt man nicht herum. Der Bequemlichkeit halber macht man es gleich hier in Kaolack … Am Abend strömen die Mädchen aus den Fabrikstoren, sie sind stolz darüber, am industriellen Aufbau mitzuarbeiten und lachen auf dem Heimweg. Die Soldaten, die in Kaolack stationiert sind, schauen ihnen nach. Sie sind nicht so lustig, die Allermeisten kommen aus den Dörfern und das Leben in der Garnison ist für sie fremd und hart, der Anblick der fröhlichen Mädchen stimmt sie traurig …

Ich sollte noch von Diourbel erzählen, sagt Joseph, denn diese Stadt weist eine Sehenswürdigkeit auf. Ich habe aber als Christ keine besondere Beziehung zu ihr. Hier nahm der

Muridismus seinen Ausgang, das ist eine islamische Religion, den Rahmen des Islam gedachte sie nie zu sprengen. Der Gründer dieser Religion oder Sekte, dessen Namen und Lebensdaten verschollen sind, hat die Moschee in Diourbel errichten lassen, heißt es und sie soll die schönste in ganz Westafrika sein.

Alle diese Städte, die sich erst in den letzten Jahrzehnten in ungesunder Geschwindigkeit entwickelt haben, schreibt der senegalesische Schriftsteller Abdoulaye Sadji, widersprechen heftig dem Geist des schwarzen Afrika. Sie unterscheiden sich von den früheren und vielen heutigen afrikanischen Siedlungen durch ihre große Bevölkerungszahl. Die Afrikaner haben große Menschenansammlungen nie geliebt, sie waren Individualisten, warum sind sie es nicht mehr? Müssen sie nicht mehr fürchten, nicht genug zu essen zu haben, wenn sie zu viele sind? War diese Furcht der einzige Grund, warum sie früher immer nur wenige waren? Ein Dorf war die größte Menschenansammlung, die sie sich erlaubt haben, sie lebten ja ausschließlich von der Landwirtschaft ... Ausschließlich? Die untergegangenen afrikanischen Königreiche, von denen man immer mehr hört, sollen sehr prächtig gewesen sein. Die Pracht wird man doch nicht irgendwo gekauft haben, wer hätte denn im zehnten und elften Jahrhundert Pracht an afrikanische Könige verkauft? ... Daß es solche Königreiche gegeben hat, bezweifle ich stark, Wir haben Häuptlinge gehabt, keine Könige. Die Häuptlinge waren Bauern, genau wie wir es waren. Genau wie alle mußten sie alle Augenblicke weiterwandern, weil der Boden nichts mehr hergab. Wir haben den Boden nicht gezwungen, mehr zu geben als er freiwillig geben wollte. Allerdings mußten wir uns manchmal mit einer anderen Familie oder einem ändern Stamm um den Boden schlagen, manchmal haben wir uns gegenseitig die Ernte von den Feldern geraubt. Richtige Felder hatten wir nicht, wo ein bißchen Platz war, haben wir Hirse gesät. Wir waren immer froh, wenn wir zum Anbauen nicht erst ein Stück Urwald roden mußten. Dieser abscheulichen Arbeit wichen wir gern aus und vertrieben statt dessen einen anderen Clan aus seinem Dorf. Manchmal kamen wir am Tag mit Kriegsgeschrei, manchmal schlichen wir uns in der Nacht an und warfen brennende Strohbüschel auf die Strohdächer und als die Schläfer vom Knistern und Sausen des Feuers erwachten, war es zum Löschen zu spät, sie konnten nur noch fortrennen, aber meistens kamen viele, besonders Kinder, in den Flammen um. Sie schrien fürchterlich. Nachdem der Brand zu Ende war, herrschte eine schauerliche Ruhe. Die sich retten konnten, sind im Urwald verschwunden. Wir haben einander bekriegt, beraubt und betrogen, aber wir waren gleich. Wir waren dasselbe: Bauern. Jetzt sind wir nicht mehr gleich. Der Unterschied zwischen einem senegalesischen Bauern aus dem Busch und einem senegalesischen Städter aus Dakar ist größer als der Unterschied zwischen einem senegalesischen und einem europäischen Städter. Der Zustrom in die Städte hält indessen an, aber was macht denn das Leben in ihnen so erstrebenswert, ist es ein so großes Glück, anstatt im reinlichen luftigen Dorf in der schmutzigen Medina zu wohnen, zusammengepfercht mit tausend anderen Arbeitsuchenden, ist es wirklich ein Freudentag, wenn ein junger Mann seinen Vettern berichten kann, daß er nach fünf Monaten Wartezeit Straßenkehrer geworden ist? ... Vielleicht ist es ein Freudentag, was wissen wir ... Was nun in den Städten entsteht, ist fast eine neue Menschenrasse, sie hat mit den nackten Bauern des Hinterlandes nichts mehr gemein, nicht einmal mehr das Lächeln, nur noch die Hautfarbe. ... Warum lieben wir das Lächeln der Buschleute und nicht das Lächeln der Städter, wieso tut es uns leid, daß die dörflichen Bräuche in den Städten verschwinden? ... Ja, die Europäer – zuerst haben sie alles getan, damit wir unsere Bräuche ablegen, wie sie die ihren abgelegt haben, und jetzt weinen sie ihnen nach ... Ist es ein Zeichen unseres Alters, daß wir mit Sehnsucht an die Kindheit denken? Die Kindheit der Menschheit. Sind wir aus Sehnsucht Anthropologen geworden? Glauben wir die Vergänglichkeit außer kraft setzen zu können, indem wir auf Vergangenes in der Gegenwart hinweisen? Wenn diese gegenwärtige Vergangenheit auch verschwindet, haben wir gar keinen Trost mehr ... Daß unsere schwarze Vergangenheit für die Weißen irgend ein Trost sein könnte, ich weiß nicht – es wäre schön, aber wir sind ja gerade dabei, uns von ihr abzukoppeln ... Abkoppeln. Zurücklassen. Eine andere Richtung nehmen. Es ist eben verlockend. Und glauben wir wirklich, daß die jungen Männer, die in die Stadt gehen, keine Freude finden? Sie könnten spornstreichs zurück in den Busch; sie tun es nicht. Vielleicht gehen sie gern an den Strand, nachmittags, wenn die weißen Frauen baden, während ihre Männer in den Büros Kaffee trinken und mit ihren Sekretärinnen schäkern? Vielleicht legen die jungen Männer gern ihre Boubous ab und genießen die heimlichen Blicke der Frauen auf ihre schönen Körper? Vielleicht setzt ein solcher junger Mann alles daran, mit einer Frau ins Gespräch zu kommen und sie jeden Tag hier am Strand wiederzutreffen, so daß er sie eines Tages verführen kann; glücklich spaziert er mit ihr, die vielleicht noch nicht einmal etwas ahnt, sich aber dann mitreißen lassen wird, ins warme Meer, der sinkenden Sonne entgegen, die schöne Glitzerstreifen über das Wasser wirft. Wo sie beide gerade noch stehen können, das ist schon weit vom Ufer, denn der Strand ist flach, fangen sie an, sich zu lieben und spielen herum, indem sie sich immer wieder ein bißchen voneinander entfernen, damit auch ein scharf beobachtendes Auge vom Ufer aus nicht erraten kann, was sie treiben, bis die Leidenschaft sie die Uferaugen vergessen läßt und sie zusammengehängt bleiben und untrennbar werden. Wie schön, wenn der Badeanzug der Dame reißt und sie nicht böse darüber ist. Und selbst wenn sie böse ist – für ihn ist es ein Sieg. Was für unterhaltsames Spiel für die jungen Männer, sich miteinander zu bereden, wer welche Frau verführen darf und wie. Dann wirken sie alle mit, indem sie für einen eine Gelegenheit schaffen: bis auf diesen einen sind auf einmal alle verschwunden. Frauen merken zum Glück diese Spielchen meistens nicht, selten, daß eine zu frösteln anfängt, wenn sie sich unvermutet mit einem jungen Schwarzen allein sieht. Aber das Zittern muß nicht Angst, es kann auch Begierde bedeuten: wenn sie mitgeht ins Meer ist alles gewonnen. Es kann sein, daß ein Straßenkehrer die Frau, die er im Atlantik geliebt hat, jeden Tag sieht, während er die Straße fegt. Sie geht an ihm vorbei und erkennt ihn nicht. Er weiß, daß das nicht Absicht ist, sie vermutet ihn hier nicht und die Schwarzen sehen für die Weißen alle gleich aus. Er gibt kein Zeichen, er lächelt ihr nicht zu, er stützt sich auf seinen Besen und blickt ihr nach.

Wir sitzen mit einigen Studenten in der Medina auf der Straße. Nein, dieses Stadtviertel bietet keinen traurigen Anblick, es ist hoffnungsvoll fröhlich, seine niedrigen Häuschen und Holzhütten sind ingeniös zusammengeschachtelt, die Wände bestehen aus Lehm oder Brettern, die Dächer aus Teerpappe und Wellblech. Hie und da werden sie von einer Palme überragt, deren Wedel ein leicht bewegtes Schattengitter auf die Hütten werfen. Uns spendet eine Platane hellgrüne Dämmerung. Zwei von den Studenten haben auf der Stoßstange eines halb auf dem Gehsteig parkenden Autos Platz genommen, wir anderen hokken auf Schemeln, die aus den umliegenden Häuschen stammen. Das Straßenleben brodelt fern und leise. ... Gefällt es Ihnen in Dakar? fragen die Studenten. ... Sehr gut ... Uns gefällt es nicht ... Warum? ... Wir sind aus Guinée, was ist schon Dakar gegen Conakry, bei uns gibt es Blumen, sehen Sie in Dakar irgend etwas Blühendes außer den paar zaghaften roten Blütchen auf den armseligen Büschen? Und erst das flache Land im Senegal, schauen Sie sich das an, eine langweilige Ebene, auf der die Hitze kocht. Nicht auszuhalten. In Dakar ist es noch erträglich, der Atlantik kühlt ein bißchen. Bei uns in Guinée gibt es Berge im Landesinneren, je höher, desto kühler, wir haben ein herrliches Klima ...

Warum sind Sie in Dakar, wenn es Ihnen so mißfällt? … Wir besuchen während der Ferien Sommerkurse an der Universität … Ach! Was lernen Sie da? … Sprachen … Deswegen kommen Sie nach Dakar, kann man an der Universität in Conakry keine Sprachen lernen? … Das schon, aber wir kommen nicht nur wegen der Sommerkurse, wir alle haben hier Verwandte, in Dakar gibt es eine große Kolonie von unseren Landsleuten … Was tun die hier? … Verschiedenes – die meisten sind Schneider. Wissen Sie, sie wagen sich nicht mehr nach Guinée zurück, sie stammen aus abgelegenen Dörfern, in denen man noch dem Fetischismus anhängt. Nehmen Sie mich als Beispiel, sagt Diop, ich traue mich nicht mehr in mein Dorf. Nicht, daß ich Guinée ganz meide, im Herbst gehe ich wieder nach Conakry, dort ist man toleranter, der Islam ist nicht so gehässig, aber in meinem Dorf hat man erfahren, daß ich dem Fetischismus abtrünnig geworden bin. Dabei bin ich weder Mohamedaner noch Christ, sondern gar nichts, vielmehr ein Materialist, Kommunist wenn Sie wollen, aber eigentlich nicht einmal das. Ich glaube nichts, denn es gelingt mir nicht zu entscheiden wer recht hat, denn alles was mir zu glauben empfohlen wird, erscheint mir gleich märchenhaft und unglaubwürdig. Mein Vater hat mich gefragt, ob ich Christ oder Moslem geworden sei und beides konnte ich mit gutem Gewissen verneinen. Zum Glück fragte er nicht weiter, denn daß man auch nichts glauben kann, kann er sich nicht vorstellen. So gab er sich, mißtrauisch zwar, vorderhand zufrieden, aber wer einmal Verdacht geschöpft hat, ruht nicht eher als bis er die Wahrheit herausgebracht hat und darauf wollte ich nicht warten, denn dann hätte mich mein Vater getötet. Gewiß nicht eigenhändig, er hätte einen Zauberer beauftragt, mich umzubringen und der hätte mir wahrscheinlich Gift gegeben, denn daß man durch Zauber töten kann, glaube ich nicht. Eine Rückkehr ist für mich nicht möglich, das werden Sie verstehen ... Kann es nicht sein, daß man in Ihrem Dorf mittlerweile andere Ansichten hat? ... Wie soll ich das wissen, wenn ich nicht dort bin? ... Vielleicht treffen Sie einmal jemanden aus Ihrem Dorf? ... Vor dem hätte ich Angst, auch wenn er freundlich wäre, es könnte ein Verräter sein, der meinem Vater Lügen über mich erzählt, es könnte sogar der Zauberer sein, der geschickt worden ist, mich zu verzaubern; während ich mit ihm rede, verzaubert er mich womöglich und ich merke es gar nicht. . . Wie kann er dich verzaubern, wenn du nicht an Zauberei glaubst? fragt Camara. ... Ich glaube nicht an sie, aber das sagt ja nichts. Es könnte sie trotzdem geben ... Mit deinem Unglauben scheint es nicht weit her zu sein ... Wieso? In meinen Augen ist Fetischismus Aberglaube und sind die Zauberer Schwindler, die die Dummheit der Leute ausnützen ... Von mir aus kannst du glauben oder nicht glauben, was du willst. Es stimmt, die Existenz von etwas Geglaubtem oder nicht Geglaubtem ist nicht vom Glauben abhängig, es existiert oder existiert nicht, ganz wie es ihm paßt. Deshalb bin ich Fetischist geblieben. Aber ich lebe nicht mehr in den Bergen und bin nicht so streng wie die Leute dort; für sie stürzt eine Welt ein, wenn das religiöse Gefüge sich lockert. Wer wird für Fruchtbarkeit sorgen, wenn die Fetische es nicht tun? Nähme man den Bauern die Fetische weg, dann wär's als schlüge man einer Antilope die Beine unter dem Leib weg. Bei mir ist es anders, ich lebe in der Stadt, um Fruchtbarkeit muß ich mich nicht kümmern, mein Fetisch muß hauptsächlich dazu sehen, daß ich immer genug Geld habe ... Haben Sie den Fetisch bei sich, frage ich, denn ich hätte ihn gern gesehen. ... Nein, er liegt in der Schreibtischlade in meinem Zimmer auf dem Campus, es ist eine kleine Kriegerstatue, fünfundzwanzig Zentimeter hoch ... Beten Sie zu dem Fetisch? ... Ich beschwöre ihn, ich weiß nicht, ob man das Beten nennt. Ich habe sogar öfters Angst, ihn um etwas zu bitten, weil er überbeansprucht ist, ich muß ihn sehr oft an Christen und Moslems ausleihen, die selber keinen Fetisch haben ... Wozu brauchen die einen Fetisch, sie könnten doch zu ihrem Gott beten? ... Gott kümmert sich nicht um Kleinigkeiten, behaupten sie, zum Beispiel Prüfungen, da hilft nur ein Fetisch. ... Fragen Sie die Ausleiher, wozu sie den Fetisch brauchen? ... Ja. Er wird bei Vorhaben gebraucht, bei denen Glück nötig ist. Besonders Fußballmannschaften leihen sich ihn gern aus, weil er einigen schon Glück gebracht hat ... Hör endlich mit dem Fetischismus auf ... (Alle reden durcheinander) ... der reinste Aberglaube, den du womöglich Religion nennst ... Zwischen Religion und Aberglaube sehe ich mit dem besten Willen keinen Unterschied ... Das ist stark – der Fetisch ist ein Götze, eine kleine Holzfigur, Gott ist doch unsichtbar ... Ach! Was ist mit den vielen Christusfiguren, die am Kreuz hängen? ... Götzen! Man betet doch zu ihnen. ... Keine Götzen – Abbilder! ... Abbilder sind Götzen ... Priester haben sie sogar um den Hals hängen, aus Gold und ziemlich winzig ... Beten tut man nicht zu ihnen, werfe ich ein, aber man kann mit ihnen Teufel austreiben. Der Geistliche schwingt das Kreuz gegen einen Menschen oder eine Sache und sagt dazu, hebe dich hinweg, Satan! Und da ist es öfters nicht nur ein Teufel, der herausfährt, sondern eine ganze Schar böser Geister ... Aberglaube! sagt der Fetischist, das Christentum ist finsterster Aberglaube ... Was meinen Sie dazu? ... Bei uns sind ja eigentlich alle Christen, sagt mein Sohn, aber einige hält man für abergläubisch, andere nicht ... Was glauben denn, ich bitte Sie, die Abergläubischen im Gegensatz zu den Gläubigen? ... Aberglaube hat etwas mit Glück und Unglück zu tun, oder vielmehr mit Glück und Pech, der Ausdruck Unglück ist ein bißchen zu stark. Ein Rauchfangkehrer bringt Glück, eine schwarze Katze Unglück, aber nur, wenn man sie zufällig sieht. Glück hat man schon, wenn einem die Straßenbahn nicht vor der Nase davon gefahren ist – wenn man sie aber doch nicht erreicht hat, tröstet man sich, ist ja kein Unglück, gleich kommt die nächste. Sollte die nächste erst in einer Stunde kommen, könnte aus dem kleinen Pech ein Unglück wachsen. Man kann den Partner, mit dem man verabredet ist, telephonisch nicht erreichen. In der leisen Hoffnung, daß er warten wird, schlägt man zappelnd vor Ungeduld die Stunde tot und nimmt die nächste Bahn, man kommt an, der Partner ist weg. Unglück. Oder der Partner ist noch da, allerdings grantig. Glück. Obwohl man eine weitere Stunde braucht, um ihn zu besänftigen. Oder man sitzt endlich in der zweiten Straßenbahn und sie entgleist, mehrere Tote, man selbst schwer verletzt. Unglück! Daran kann doch nicht nur die eine schwarze Katze schuld gewesen sein? Oder man sitzt in der zweiten Straßenbahn und plötzlich geht es nicht weiter, weil die erste zweihundert Meter weiter vorn in Trümmern liegt, ein Meteor oder ein abstürzendes Flugzeug hat sie zerschmettert, Glück im Unglück. Schwarze Katze, aber auch Rauchfangkehrer ... Kann dergleichen jemand ernst nehmen? ... Vielleicht nicht mehr, ich weiß nicht. Sonderbarerweise reden wir gern über Unglücke, nur nicht über solche, die noch nicht geschehen sind, mal den Teufel nicht an die Wand, warnen wir, oder, verschrei es nicht! und klopfen dabei auf Holz ... Unterschied zwischen Religion und Aberglaube? Aber ich kann mit dem besten Willen keinen sehen. Wir alle bitten doch um Verschonung vor Unglück ... Bis auf die Zauberer, die den anderen den Tod an den Hals wünschen ... Das ist etwas anderes, für sich selbst bitten die auch um Glück; daß sie der Rache entgehen, zum Beispiel ... Nur die Materialisten, sagt der Materialist, bitten um nichts, an wen sollten sie sich wenden, sie haben niemanden ... Abergläubisch können sie trotzdem sein ... Allerdings! Und wie! ... Auch die europäischen Sportler schwören auf Talismane und achten auf Vorzeichen, bei uns waren schon öfters französische Fußballer ... Dabei behaupten viele Europäer einfach, Christentum ist Religion, Fetischismus Aberglaube ... Auf meinen Fetisch lasse ich nichts kommen ... Die Europäer sind mit dem Wort Aberglaube immer schnell bei der Hand, weil sie die Kräfte nicht kennen, die es in Afrika gibt. Kräfte können sich erschöpfen, das ist leider so, und wahrscheinlich hat es in Europa früher auch solche Kräfte gegeben, die sich aber seit langem erschöpft haben, so daß Berichte darüber wie Märchen klingen. Auch in Afrika werden sich diese Kräfte erschöpfen, das ist vorauszusehen, aber noch ist es nicht so weit, noch wirken sie. Wenn die Europäer davon hören – aber sie hören nicht viel davon, man erzählt ihnen wenig – dann glauben sie es nicht. Das ist gut so, eigentlich sollten wir gar nichts erzählen, unsere Kräfte sollten ein afrikanisches Geheimnis bleiben. Da Sie aber doch nichts für wahr halten werden, kann man Ihnen vielleicht ein bißchen erzählen? ... Wir werden es nicht für wahr halten ... In einem kleinen Dorf hoch in den Bergen von Guinée lebt ein Zauberer. Er kann Jünglinge durch Zauberei beschneiden. Seine Kraft ist so ungeheuer, daß er manchmal glaubt, daran zu sterben, sein Körper kommt ihm abhanden, er fühlt ihn nicht mehr. Sehr allmählich kommt der Körper wieder zurück, aber wie zerschlagen, gefoltert. Der Zauberer weiß nicht, ob seine große Kraft den Körper verdrängt oder ob die Kraft während der Abwesenheit des Körpers in diesen einschießt. Vielleicht letzteres, denn der Zauberer braucht zum Zaubern seine Hände. Er legt sich zu Hause eine Anzahl Zitronen zurecht, sie muß mit der Zahl der zu beschneidenden Jünglinge übereinstimmen. Wenn der Zauberer sein Messer holt, sind die Jünglinge schon seit drei Monaten im Initiationslager einer harten Erziehung unterworfen worden. Nach der Beschneidung werden sie nach Hause gehen dürfen, man hat ihnen gesagt, daß sie nicht von einem Medizinmann wie üblich beschnitten werden sondern von einem Zauberer, der weit weg vom Lager zu Hause sitzt und sie wissen, daß deshalb ihre Wunden nur wenig bluten und nicht sehr schmerzhaft sein werden Sie machen sich bereit. Nachdem der Zauberer viele Beschwörungsformeln gemurmelt hat, schneidet er, fortwährend weitermurmelnd, eine Zitrone nach der anderen in der Mitte durch. Zugleich mit jedem Schnitt ist ein Jüngling beschnitten und blutet. Er hat wirklich einen Schnitt und blutet wirklich, man streicht etwas Salbe auf die Wunde ... Also eine wirkliche Beschneidung keine symbolische … Glauben Sie es? … Nein … Dieser Zauberer kann noch ganz andere Sachen … Halt! Du hast genug erzählt! … Warum soll er denn nicht mehr erzählen, unsere zwei weißen Freunde werden den Zauberer gewiß nicht anzeigen wollen … Aber bestimmt nicht! … Nein, du hast genug erzählt. Zauberei sollte ein Geheimnis bleiben, wenn man es zu vielen zweifelnden Zuhörern aussetzt, kann die Kraft geschädigt werden, Kraft und Zweifel passen nicht zusammen … Diesen ganzen Blödsinn, sagt Jérôme unfreundlich, kannst du dir sparen, ich glaube nicht ein Wort, ich bin nämlich Christ. … O gerade Sie, lache ich und wende mich zu ihm um, hätte ich fast für einen Zauberer gehalten … Alle lachen. Sie lachen so eigenartig, daß ich nicht sicher bin, ob sie meine Bemerkung für einen Scherz halten oder ob ich mit ihr womöglich die Wahrheit getroffen habe, oder meinen sie, daß das Christentum an sich schon Zauberei sei? Sie erklären sich nicht, sie lachen bloß, auch der Zauberer selbst äußert sich nicht dazu, er gibt dem Gespräch eine andere Wendung. Er erzählt von einer ehemals einflußreichen Familie, die ihren Einfluß eingebüßt hat, weil die Hälfte ihrer Mitglieder von einer unerklärlichen Krankheit dahingerafft wurde. Als ich etwas in seinem Bericht nicht verstehe – wegen meiner mangelhaften Französischkenntnisse – erwähne ich die Sprachverwirrung und den Turm zu Babel. Niemand weiß, was für ein Turm das ist … Aber Sie als Christ, sage ich zum Zauberer, müßten ihn doch kennen, er kommt in der Bibel vor … Bibel? … Er schaut mich fragend an. … Kennen Sie die Bibel nicht, das Buch der Bücher für die Christen? … Ich bin ein gläubiger und praktizierender Christ, aber von diesem Buch hat mir kein Mensch je etwas erzählt …

Ein Student und ein Christ, der nie etwas von der Bibel gehört hat? Merkwürdig. Ich bitte ihn, uns seinen Namen aufzuschreiben. Er schreibt sehr langsam und umständlich. Ist er wirklich ein Student, ist er wirklich ein Christ? … Aber sicher! Er ist zweiunddreißig Jahre alt und seit zehn Jahren Schneider, in einigen Wochen geht er für drei Monate nach Paris, um sich in seinem Handwerk zu vervollkommnen. Jeder, der in Paris etwas lernt, ist ein Student, erklärt der Fetischist. … Und was machen Sie? frage ich ihn. … Ich bereite mich auf die Universitätslaufbahn vor, ich bin Jurist …

Wir brechen auf, denn der Zauberer muß seine Frau im Spital besuchen, sie bekommt ein Kind. Während er sagt, daß es vielleicht schon geboren sein wird, wenn er hinkommt, sind die anderen Studenten verschwunden, sie wohnen alle in der Medina. Die Medina hat sie lautlos verschluckt.

Aus tiefer Not schrei ich zu Dir, Herr Gott, erhör mein Rufen … Wieso haben wir nicht über die Frömmigkeit, über das Leiden und das Gottvertrauen gesprochen?

Es gibt bei uns Leute, die Gläser prüfen, erzähle ich, sie schlagen an ein Glas und erkennen aus dem Klang, ob es ein gutes, ein weniger gutes oder ein schlechtes Glas ist. Der Klang eines guten Glases hört sich in unserer Sprache an wie »Glück«, aber ob »Glück« ertönen wird, wenn wir ein Glas anschlagen, wissen wir nicht, es kommt auf den Versuch an. »Glück« ist ein kurzer Klang, man horcht ihm nach, wenn er verklungen ist; man glaubt ihn noch zu hören, man möchte, daß er weiterklingt. Warum ist er so kurz gewesen? Das Glas ist schuld. Oder die Zeit, sie ist gegen das Glück, sie kann alles Bestehende nicht leiden; warum denn nur, glaubt sie, daß Beständigkeit allein ihre Sache ist? Wer länger als drei Sekunden glücklich sein will, muß die Zeit überlisten, er muß sich weigern, alt zu werden oder er muß geradewegs in den Himmel springen. Das wiederum ist nicht so einfach, es kommt dabei zu fürchterlichen Stürzen. … Früher war man glücklicher, glauben viele, man war mit der Natur mehr im Einklang … Darum glauben dieselben auch, daß die Afrikaner glücklicher sein müssen als die Europäer … Was heißt es eigentlich, mit der Natur im Einklang leben – mit den Hühnern schlafen gehen? … Daß man früher glücklicher war, bilden wir uns bloß ein, daß die Afrikaner glücklicher sind, ist ein Irrtum … Wer weiß, wer weiß … Ist

Glück eine Sache des Bewußten oder des Unbewußten? ... Es ist eine Empfindung, wie könnte es unbewußt sein? ... Von manchen Menschen sagt man, sie haben mehr Glück als Verstand, sie haben gar nichts versucht und das Glück ist ihnen in den Schoß gefallen ... Was ist Glück für einen Europäer? ... Glück ist der Augenblick, in dem sich etwas zum Besseren wendet ... Kann sein - ich meinte aber, was begehren sie am meisten? ... Liebe, Liebe, Liebe – und Macht. ... Ein Ziel haben und es erreichen ... Ach ja? Ziele bringen Pflichten mit sich und Pflichten sind das Dümmste, was Menschen sich ausdenken konnten, damit arbeiten sie gegen das Glück ... Weil sie einander das Glück neidig sind; wenn sie selber schon nicht glücklich sind, dürfen es auch die anderen nicht sein, deshalb ersinnen sie Pflichten für sie ... Immer mehr Pflichten, immer weniger Glück ... Ach, manche sehen in der Pflichterfüllung ihr ganzes Glück ... Diese armen Narren belügen sich selbst, damit sie nicht unglücklich sind ... Wär's besser, sie belögen sich nicht? ... Nicht für sie selber, aber für ihre Umgebung – diese eisernen Pflichterfüller verlangen ja dasselbe von den anderen ... Das ist abscheulich, abscheulich, die Europäer sind gekommen und haben von den Afrikanern Pflichterfüllung verlangt, sie sind den Afrikanern ihr Glück neidig gewesen. Und jetzt sind diese selber so weit, daß sie der lächerlichen Pflichterfüllung aufgesessen sind ... Auch hier das Glück getötet wie im kalten Europa ... Das stimmt nicht, das Glück kann man nicht töten ... Warum reden wir vom Glück, diesem unfaßbaren Gegenstand, diesem kurzen Klang, diesem Opfer des Neides oder der Zeit? Reden wir vom Unglück, die Welt ist voll davon, es gibt viel mehr Unglück als Glück ... Ich kann nicht vom Unglück reden, es bricht mir das Herz ...

Reden wir noch einmal vom Glück, Glück ist, was einem als Ziel vorgegaukelt wird: eine Scheibe, aufgehängt in den Wolken ... Die Afrikaner haben ein Ziel: aufzuholen ... Die Europäer haben keins. Macht werden sie nie mehr haben, Technik und Industrialisierung haben das Glück nicht gebracht, jetzt herrscht Ratlosigkeit, zurück, heißt es, zurück! Aber andere streben weiter vorwärts, alle behindern sich gegenseitig, es ist ein großes Durcheinander, und die, denen es gerade gut geht, fragen, warum kann es nicht bleiben wie es ist? ... Es darf nicht bleiben wie es ist, das hieße das Unglück festschreiben. Denn sehen Sie irgendwo Menschlichkeit? ... Zugegeben, da ist noch viel zu tun ... Aber ich bin Pessimist, ich denke, daß es mit der Menschlichkeit nie sehr weit her sein wird. Zwar haben wir im Lauf unserer Geschichte genügend Lehrmeister in Humanität gehabt und wir haben sie ja auch hie und da angehört. Aber bis auf ein paar Spinner, die alles ernst genommen haben, sind wir immer zu dem Schluß gekommen, Menschlichkeit, nun ja, es klingt schon schön, nur praktikabel ist sie nicht. Mit der Sanftheit kommt man zu nichts, immer drängen rüde Besitzergreifer die Gutmütigen ins Abseits. Dort krabbeln die dann herum und rackern sich halb tot, denn auch ihnen gefallen die Sachen, die sie bei den Besitzergreifenden sehen und sie möchten sie gern haben. Macht nichts, wenn es nicht die Luxusausfertigung ist. So treiben die Besitzenden, ohne daß sie es eigentlich wollen, die Nichtbesitzenden an, daß sie tanzen wie Kreisel, die man peitscht. ... Ach, nicht alle Armen sind sanft, nicht alle Reichen gemein ... Ja ja, manche Arme sind wüst und schmutzig, so können sie von den feinen Reichen besser verachtet werden. Geschmack haben sie auch keinen, die Armen; was sie schön finden, ist himmelschreiend, aber manchmal wird doch irgend eine Abgeschmacktheit der Armen Mode bei den besser Gestellten, eine Sprachgewohnheit, ein Kleidungsstück, eine politische Einstellung. Dafür geben sie sogar Gründe an, die Oberschichtler, Gleichheit zum Beispiel oder Brüderlichkeit, die Pose des Weltverbesserers ist zeitenweise die einzig respektable, fern sei alles Elitedenken, aber natürlich muß man nebenbei sein Schäfchen ins Trockene bringen ... Aber ich bitte Sie, ohne die Weltverbesserer ginge ja gar nichts ... Gewiß, einige von ihnen haben die besten Absichten, aber deren Verwirklichung bringt meist nur neue Mißstände hervor. Trotzdem geben sie es nicht auf, gegen Mißstände anzurennen und der übrigen Welt mit Vorschriften lästig zu fallen ... Wir selbst müssen uns ändern, dann wird alles besser werden - aber wollten wir nicht vom Glück reden, von den Zielen? Ziel, was ist das? Eine Scheibe, aufgehängt in den Wolken, triff sie, wenn du kannst. ...

Von allen Leuten, mit denen wir ins Gespräch kommen, werden wir gebeten, von Europa zu erzählen. Was denkt man dort, was fühlt man? Wie sieht es dort aus, was ist am schönsten? Nehmen wir an, das Denken und das Fühlen stiegen von uns auf wie Wasserdunst und bildeten Wolken über unseren Häuptern. Dort bleiben sie schwerfällig hängen, werden bloß ein bißchen in die eine oder andere Richtung geschoben, je nach dem Geistwind, der gerade weht. Der bestimmt auch mit, was wir gerade am schönsten finden, aber natürlich sind wir nicht alle gleich und manche von uns weigern sich, irgend etwas am schönsten oder am besten zu finden ... Und Sie? fragt ein Mann, den wir am Strand kennengelernt haben, haben Sie keine Vorliebe? ... Doch. Ich bin ein Kunstverehrer ... Gehen Sie nicht zu den Pferderennen? Alle Senegalesen, die in Europa gewesen sind, erzählen von den aufregenden Rennen und den Wetten darüber. Über Kunst erzählen sie nichts; ist es möglich, daß sie Europa nicht besonders gut kennengelernt haben? ... Europa ist zu groß, man kann davon nicht mehr als kleine Ausschnitte kennen ... Venedig, fragt der Mann vorsichtig, ist das Kunst? ... Nun – ja ... Verehren Sie es? ... Ja. ... Ich habe das Wort Venise für einen Entzückensausruf gehalten, ich habe es schon öfters gehört – erst seit kurzem weiß ich, daß es der Name einer Stadt ist, ich möchte alles, alles alles über sie wissen; und über Kunst; und über Wien, ich habe gehört, daß man dort die ganze Zeit tanzt, das muß wirklich schön sein; und über Rom, weil hier am Strand einmal ein Römer aufgetaucht ist, dem gerade seine Frau gestorben war und der mir erklärt hat, Liebe und Trauer sind dasselbe, weil man einen Menschen dann am meisten liebt, wenn man um ihn trauert, und wenn die Trauer weg ist, ist auch die Liebe verschwunden. Und auch über Paris möchte ich alles wissen, denn von Paris reden alle, ich weiß aber nur, daß dort der Eiffelturm steht auf dem Champs de Mars und

Mars war ein Kriegsgott … Neulich bin ich über den Champs de Mars gegangen, erzähle ich, es war ein Wintertag und die bleiche Abenddämmerung hatte begonnen; der Eiffelturm war so heftig angestrahlt, daß er weiß erschien und sich nur wenig vom blaßblauen Himmel abhob, ein weißes Gespenst. Ich liebte ihn auf einmal so fürchterlich, daß ich Herzklopfen bekam und weinen mußte. In seiner Gerippehaftigkeit stellte dieses hochstrebende Gespenst die Zukunft der Träume da: verblaßt und durchlöchert, von hellem Nebel durchstreift wie von Erinnerungsschlieren. Ein brutaler Traumzerstörer ist der Turm indessen nicht, im Gegenteil, voll Mitleid läßt er die Traumwandler in seinem Inneren auf- und niedersteigen, genießt euer bißchen Glück, ihr Fremden, ihr Honigmondpaare, glaubt an eure Rosen-Zukunft, später werdet ihr schon sehen. Und unbewegt und gelassen sieht er zu, wie Millionen kleiner Turmnachbildungen aus Gold oder Silber scheinendem Metall unten in seinen Pfeilern verkauft werden. Von dort aus nehmen sie ihren Weg in die Welt, sprühen nach allen Richtungen davon wie die Funken von Wunderkerzen. Ich fror ein bißchen, der Wind wirbelte welke Blätter zu Spiralen, die auf dem kalten Kiesboden tanzten; ich kam von der Ecole militaire und ging auf das zugige Bogenviereck des Turmes zu; auf dem weitläufigen winteröden Champs de Mars gingen die einsamen Frauen mit ihren Hunden spazieren. Diamanten im Hundehalsband – ich nahm mir vor, über die windige Brücke zu gehen und das Musée de l'Homme im Trocadéro aufzusuchen; es gibt dort viele Dinge und Geräte aus afrikanischen Ländern …

Was die Weißen und die Schwarzen gegeneinander vorzubringen haben, wird gewöhnlich nicht laut. Vorwürfe von weißer Seite gegen die Afrikaner könnten als Überheblichkeit, wenn nicht als Rassismus ausgelegt werden, dessen Anschein man unter allen Umständen vermeiden möchte. Vorwürfe von schwarzer Seite träfen fast immer nur eine frühere Wahrheit, warum also sie aussprechen? Man tut so, als sei man zusammen eine wohlerzogene Familie, die direkte Beschimpfungen als überwundene Kinderkrankheiten betrachtet und deren Mitglieder Gruppen bilden, die sich gelegentlich abfällig übereinander äußern, dabei aber nicht vergessen, daß sie zusammengehören. Manchmal allerdings erweist sich der Familiensinn als zu schwach, um alle Belastungen zu ertragen, denen er ausgesetzt wird: wenn wieder einmal die Weißen alles besser wissen und behaupten: das muß so sein, während die von ihnen vorgeschlagene Lösung in Wirklichkeit ein Irrsinn ist, der im Senegal mehr Schaden als Nutzen stiften würde: wenn wieder einmal die Schwarzen so unzuverlässig sind, daß man nicht mit ihnen arbeiten kann, – wo man doch alles tut, um ihnen weiter zu helfen. Es ist dann, als stürzten zwei breite und lange Wellen mit Gewalt gegeneinander, die an der Linie des Zusammentreffens ein aufgeregtes Schaumspiel entwickeln: die Weißen sind Egoisten, höher geht's nicht … Die Schwarzen sind arbeitsscheu … Die Weißen sind Ausbeuter … Die Schwarzen haben nichts anderes verdient … Die Weißen sind versoffen … Die Schwarzen stinken … Euch Weißen fällt das Umdenken schwer, ihr habt zu lange an eure natürliche Überlegenheit geglaubt, die durch nichts nichts nichts gerechtfertigt ist … Es stimmt ja, die Weißen denken nicht daran daß die Hygiene eine Errungenschaft erst des letzten Jahrhunderts und daß die Arbeitsmoral ein Produkt tausendjähriger Gewöhnung und Dressur ist. … Warum überhaupt Arbeitsmoral? Sie ist doch nur ein Mittel zur Ausbeutung … Es gibt für die Schwarzen keine zwingende Notwendigkeit, so viel zu arbeiten wie die Weißen. Warum sollen sie eine Woche lang arbeiten, wenn sie schon in drei Tagen so viel verdient haben, daß sie sieben Tage davon leben können? Also bleiben sie die letzten Wochentage der Arbeitsstelle fern. Wenn es den Weißen Vergnügen macht, die ganze Woche an den stickigen Arbeitsplätzen auszuharren, können sie es ja um Himmelswillen tun, sie sollen es nur nicht von den Schwarzen verlangen.

Joseph wirft mir vor, daß ich nur einen einzigen Sohn habe. Die Europäer wollen die ganze Zeit das Leben genießen, Kinderaufzucht ist ihnen zu mühsam, sagt er. … Es kommt dazu, sage ich, daß die Mütter ratlos sind, alle Augenblicke tauchen neue Erziehungstheorien auf und wenn die Kinder halbwüchsig sind, werfen sie ihren Eltern vor, daß sie alles falsch gemacht haben … Wer wird sich denn durch Theorien ins Bockshorn jagen lassen, das ist doch bloß ein Vorwand. Kinder kosten Geld, die Eltern müßten sich einschränken, das möchten sie nicht … So ist es nicht, widerspreche ich, der Egoismus ist ein natürliches Bremsmittel, Europa wäre sonst hoffnungslos übervölkert. Und abgesehen davon – wozu Kinder in eine Welt setzen, die eines Tages gänzlich den Bomben zum Opfer fallen wird? ... Das hab ich gern, sagt Joseph, wenn die Weißen über die Bomben jammern, wer hat sie denn erfunden, die Bomben? ... Aber Joseph, wir sind doch nicht alle gleich, es gibt die Bombenerfinder und die Bombenanwender und es gibt die Opfer ... Hör auf, die Bombengeschichten wachsen mir beim Hals heraus ... Hast du denn dafür gar kein Verständnis? Ich höre mir auch geduldig eure Probleme an ... Ja, aber wir haben wirkliche Probleme und keine künstlich gezüchteten. Ihr behauptet zum Beispiel, Übervölkerung bringe Hungersnot mit sich und Hungersnot muß verhindert werden. Wir hatten früher alle Augenblicke eine Hungersnot, von Übervölkerung war aber keine Rede, also ist der Zusammenhang zwischen Hungersnot und Übervölkerung ein konstruierter. ... Glaubst du nicht, daß ihr auch Zusammenhänge konstruiert, vielleicht nicht dieselben, aber ... Aber wir tragen unsere Heimsuchungen gemeinsam, wir wehren uns nicht gegen die Natur ... Ihr seht zu, wie eure Kinder sterben ... Sterben bei euch in Europa keine Kinder? Ist es nicht letzten Endes gleich, woran sie sterben und wieviele es sind? ... Ihr seid brutal ... Und ihr? Ihr seid Mörder, ihr habt uns in eure Kriege gezerrt und hingeopfert ...

Wenn der Schwung der gegeneinander stürzenden Beschuldigungen sich erschöpft hat, rinnen die Wellen der Erbitterung wieder auseinander, die Familienszene läuft sich tot, endet in Versöhnung, Lächeln, Gelächter, man ist es müde, sich zu zanken. Der Streit wird wieder aufflammen, man weiß es, aber vorderhand ist er beigelegt, und es sollte doch gelingen, in aller Ruhe über Verschiedenheiten zu sprechen. So kann es kommen, daß Joseph sagt, wir sind ebenso egoistisch wie ihr, bloß auf andere Art, wir haben viele Kinder, weil sie uns etwas einbringen, für die Mädchen bekommen wir Brautgeld, die Söhne ernähren uns im Alter. ... Und bei uns ist einer egoistisch, der viele Kinder in die Welt setzt und nicht weiß wie er sie ernähren soll ... Es ist gottgefällig, viele Kinder zu haben ... Ja ja, wir wissen es ... Und schon wird Joseph rückfällig, ein Egoist ist ein Mensch, sagt er träumerisch, der nur an sich selber denkt, aber einen solchen Menschen gibt es nicht in Afrika ... Unglaublich ... Such doch, du wirst keinen finden... Unser Egoismus-Disput verirrt sich in einem undurchdringlichen Gestrüpp von Meinungen, wir müssen zurück und uns eine Lichtung suchen. Wir könnten den Begriff Egoismus abändern, schlage ich vor. ... Empörend. Damit ihr nur ja bei uns die gleiche Schlechtigkeit entdecken könnt wie bei euch ... Diese Lichtung ist wenig versprechend, kein freier Weg zeigt sich, kreuz und quer wächst das Philosophiegeäst ... Die Tatsache bleibt, wir begreifen einander schlecht, nicht immer, aber oft: Schwarz und weiß stehen sich verständnislos gegenüber, die Blicke werden abweisend, das Kopfschütteln beginnt ... Wenn man die Gründe kennen lernen wollte, die der andere hat? beginne ich vorsichtig von neuem ... Es ist zum Haareausraufen, findet Joseph, was ist damit erreicht, daß man die Gründe kennt? Man versteht sie doch nicht ... Wenn man sie aber verstehen will? ... Wenn! Wenn man aber nicht will, was dann? ... Weiß ich nicht – vielleicht geht's wirklich nur mit der Sympathie; wenn man einen Menschen mag, leuchten einem seine Gründe schon eher ein ... Joseph wird sehr sanft und wispert, magst du Müßiggänger? ... Aber ja – wenn sie nette Menschen sind ... Hat er ein empörtes, die mag ich nicht! von mir erwartet? Seine Stimme klingt enttäuscht, als er sagt: die meisten Europäer können Müßiggänger nicht leiden ... Die meisten, aber nicht alle ... Du möchtest uns verstehen, weil du uns magst, ist es so? ... Ich weiß nicht, Joseph, ich weiß nur, ich mag euch – hör zu, ich erzähle dir jetzt von einem Menschenfreund. Er hat herausgefunden, daß die Menschen an Blüten Freude haben, die Welt aber zu wenig blühend ist. Er hatte mehrere Lieblingsblumen, eine davon war besonders widerstandsfähig, wächst schnell und überall. Ihren Samen streute er aus, wo immer ihm Blüten zu fehlen schienen, auf Böschungen, an Straßenrändern, an Flußufern, auf öden Hügeln, in sumpfigen Tälern, bei Schlössern und bei Hütten. Weder Kälte noch Hitze konnte der Pflanze etwas anhaben, sie verschwand auch nicht unscheinbar im Gras, sondern entfaltete sich zu einer mannshohen Staude. Die Blüten blieben tagsüber geschlossen, mit der Abenddämmerung öffneten sie sich, schöne, große, gelbe, ein bißchen glockenförmige aufgespreizte Blüten, in die man tief hineinschauen konnte. Sie leuchteten in der Abenddämmerung und stimmten die Menschen weich ...

O segne dies Volk, Herr, welches sein wahres Gesicht sucht unter der Maske und Mühe hat, es zu erkennen
Welches dich sucht, während Kälte und Hunger ihm Knochen und Eingeweide zerfressen
Während die Braut sich als Witwe beweint, dem Jüngling die Jugend geraubt ist
Die Frau wehklagt oh! daß das Auge des Gatten fern ist und die Mutter den Traum ihres Kindes im Schutt sucht

O segne dies Volk, das die Ketten bricht, segne dies Volk, das todwund sich erhebt gegen die hungrige Meute der Mächtigen und der Folterknechte
Und mit ihm alle Völker Europas, alle Völker Asiens alle Völker Afrikas und alle Völker Amerikas
die Blut und Leiden schwitzen. Und mitten in diesen Millionen Wogen sieh die wogenden Köpfe meines Volkes
Vergönne ihren heißen Händen, daß sie die Erde umschlingen mit einem Gürtel von Bruderhänden
Unter dem Regenbogen deines Friedens.

Léopold Sédar Senghor (Nr. V des "Friedensgebet", geschr. im Jan. 1945 für Georges und Claude Pompidou)

Übers. von Janheinz Jahn

Im Norden weht der Wind und fegt den Sand vor sich her, häuft ihn zu Dünen auf, nimmt alle Fruchtbarkeit mit sich und läßt den nackten Felsen zurück. Der Bauer steht verzweifelt da und kann mit seinen Händen die Erde nicht zurückhalten. Wasser gibt es erst in einer Tiefe, in der das Gestein schon träumt und nicht mehr an die Menschen denkt. Unaufhaltsam dringt die Wüste vor, sandiger Wind verschleiert den Himmel. Das ist ein Land! Gerade das zum Leben Allernotwendigste kann man zusammenkratzen. In früheren Zeiten haben sich die Bauern oft gar nicht zu helfen gewußt; wenn der Sturm ihre Pflänzchen anhob und fortwirbelte, mußten sie wegziehen. Neuerdings versucht man diesem vertrackten Boden anders beizukommen, man zieht nicht mehr fort, man stellt sich um. In der Regenzeit sammelt sich in den Mulden des flach welligen Landes das Wasser zu Tümpeln, Sand und Erdreste werden von den Höhen in die Täler geschwemmt, und wenn in der trockenen Zeit das Wasser verdunstet, baut man im schlammigen Rückstand Gemüse an. Man hat es aus Europa eingeführt, es wächst schnell in der frischen dunstigen Sonnenglut. Man verkauft es in die Städte, die Europäer dort stürzen sich darauf. Auch die schwarze Bevölkerung findet langsam Geschmack am Gemüseessen, langsam; derart fremden Speisen gegenüber ist Mißtrauen angebracht. Der Funktionär ißt bereits Salat und zwar mit der Gabel, aber sein Dienstmädchen vom Land hält die grünen Blätter für Ziegenfutter. Und den Kühen schmeckt das Zeug vielleicht, aber den Menschen? Fatima verhält sich allerdings nicht allen europäischen Speisen gegenüber so ablehnend, gegen Weißbrot und Butter hat sie nichts. Sie geht häufig heimlich zum Kühlschrank. Wenn die übrigen Familienmitglieder am Abend hungrig nach Hause kommen, ist nur noch ein enttäuschend winziges Butterstückchen da, das schöne lange Brot ist zu zwei unansehnlichen Endstücken geschrumpft. Nein, Fatima mag kein Gemüse und ihr Freund Achmed, der Chauffeur, mag es erst recht nicht, sie waren nie in Europa. Aber immer mehr Stagiaires, die von dort zurückkommen, möchten auf Bohnen und Erbsen nicht mehr verzichten, sie können sich nun an einheimischem Gemüse erfreuen, das nicht durch lange Transportwege welk und wenig wohlschmeckend geworden ist. Ja, der Gemüseanbau hat sich so üppig entwickelt, daß eine Konservenindustrie den Überschuß auffangen muß. Nicht mehr alle Erbsendosen kommen aus Frankreich. Dennoch: es ist schwierig, den Gartenbau über das ganze Steppenland auszubreiten. Nicht nur der höllische Wind ist dagegen, auch die Angst der Bauern: wir verstehen nichts davon, was sollen wir essen, wenn der Versuch fehlschlägt? Wie es jetzt ist, ernährt uns die Hirse gerade noch und unser Vieh findet in der Steppe ein bißchen Futter ... Nur die Marabouts können Risiken eingehen, sie haben Land genug und große Geldreserven; sie kaufen Lastautos und schicken die Landarbeiter kolonnenweise in die Anbaugebiete. In langen Reihen bücken sich die Tagelöhner tief zur Erde, die früher oft die ihre war. Sie sind vor Jahren in die Stadt gezogen, weil sie glaubten, daß dort Milch und Honig fließen. Andere freilich sind in den grünen Süden gegangen, weil sie Bauern bleiben wollten. Im Süden ist alles anders, hier ist keine Steppe, hier ist der Busch, nicht gegen den Sand muß man sich hier wehren, sondern gegen den wilden tropischen Regenwald. Immer muß man ihn zurückdrängen und auslichten, aber er soll nicht verschwinden, denn er ist ein Schatten- und Feuchtigkeitsspender. Wenn ein Bauer, der aus dem Norden kommt, hier im Süden Gemüseanbau einführen will, widersetzen sich die ansässigen Erdnußbauern: Erbsen und Bohnen sind doch bloß ein Ersatz und ein armseliger dazu für bessere Früchte, und haben wir nicht bessere? Kokosnüsse, Palmfrüchte, Lianenfrüchte, Mangofrüchte, alle saftig, und Maniok, Reis und Erdnüsse. All das wächst bei den Leuten im Norden nicht, das ist uns klar, sollen sie also mit ihrem Gemüse selig werden. Besser wäre freilich, sie zögen zu uns in den Süden, wir brauchen Hilfe so dringend, die jungen Leute laufen uns in Scharen davon und in die Städte. Wie sollen die Alten die Arbeit bewältigen? Das kann nicht so weitergehen. ... Die Nordleute wollen vielleicht lieber im Norden bleiben, weil sie an ihrer Heimat hängen, wie die Südleute an ihrer ... Südleute wären dumm, wenn sie in den Norden gingen ... Im Süden ist alles gut, nicht wahr, alles, keine Probleme? ... Keine? Das können wir leider nicht behaupten. Ihr müßt euch umstellen, hören wir seit einiger Zeit. Plötzlich soll alles nicht mehr so gehen wie es bisher gegangen ist. Warum? Wir sind doch freie Menschen, warum will man uns von außen Dinge aufzwingen, die wir nicht wollen? Die moderne Wirtschaft kommt wie eine Walze, unbarmherzig. Unter ihr knicken alle unsere Einrichtungen nieder, die uns bis jetzt gedient haben und die doch nicht schlecht waren. Anpassung an die neue Zeit, legen sie uns ans Herz. Warum? Dafür besteht keine Notwendigkeit ... So redet ein Bauer, aber der Bürgermeister ist anderer Meinung, was ist mit dem Reis, wir ernten zu wenig davon, zu viel muß der Senegal einführen ... Daran sind nicht unsere Methoden schuld. Wir haben zu wenig Leute. Wenn wir den Reis im Juni ins Wasser setzen könnten statt im August, könnten wir den dreifachen Ertrag erzielen. Doch vor dem Reis sind die Erdnüsse an der Reihe und für die brauchen wir jede Arbeitskraft und sie sind wichtiger als der Reis, denn sie bringen mehr Geld ein ... Wie wär's mit Reis allein? ... Die Erdnüsse aufgeben? Das geht nicht. Unmöglich. Die Welt braucht unsere Erdnüsse und für sie haben wir sehr gute Verkaufsverträge. Geld brauchen wir eben doch, wenn auch wenig. Früher, ach früher haben wir gar keins gebraucht ... Früher ist nicht jetzt ... Warum ist jetzt nicht wie früher? ... Warum, warum, warum? Warum wirst du älter? ... Was hat das damit zu tun? Jahrhunderte lang haben wir keine Kleider gebraucht, jetzt auf einmal müssen wir unsere Blößen bedecken. Wir haben auf Strohmatten geschlafen, jetzt müssen wir Betten kaufen, Betten sind doch viel zu heiß. Türen und Fensterläden waren überflüssig, Löcher genügten uns, auch Lampen brauchten wir nicht, nicht einmal Petroleumlampen, wir legten uns nieder, wenn es dunkel wurde, oder machten ein Feuer. Noch sind unsere Hütten mit Stroh gedeckt, aber schon schleichen überall die unseligen Neuerer herum und wollen uns Wellblechdächer einreden, sind Wellblechdächer schöner, besser? Nicht schöner, nicht besser. Liegestühle und Sessel hatten wir früher nicht nötig, auch keine Bilder an den Wänden. Jetzt muß jeder zumindest eine Photographie an der Wand hängen haben, selbst wenn es im Zimmer so dunkel ist, daß man nicht erkennen kann, was sie darstellt, noch dazu werden die Photos an unseren Lehmwänden und in der feuchten Hitze rasch unansehnlich. Ein Transistorradio, das uns den Tag und die Nacht zerplärrt, war früher erst recht ein Unding ... Ja ja ja, aber früher ist nicht jetzt ... Warum ist jetzt nicht wie früher? ... Warum, warum, warum? Warum wirst du älter? ... Was hat das damit zu tun? ... Überall ist das Wort Traktor ein Zauberwort, kann man nicht versuchen, die Landwirtschaft zu rationalisieren? Einige tun es ... Traktoren sind teuer, nur die Marabouts können sie sich leisten ... Und Düngemittel? ... O wir verwenden viele. Nützen sie? Vielleicht schaden sie, weil unser Boden sie nicht verträgt, was wissen wir. Unser Boden im Süden ist versalzen, fahren Sie einmal zur Regenzeit spazieren, Sie werden sehen, wie rot und porös die Erde ist. Die Reifen leiden beim unvermeidlichen Durchfahren der tausend Pfützen, der Lack wird zerfressen, das ganze Auto nimmt Schaden ... Versalzungen neigen dazu, fortzuschreiten, wird eines Tages nichts mehr wachsen im fruchtbaren Süden? ... Aber so lange wir denken können, ist die Versalzung nicht fortgeschritten, es ist alles immer gleich ... Ja, so sieht es aus, es geht so langsam, man merkt es nicht. Man kann den Boden auf chemischem Weg entsalzen, richtet damit aber vielleicht anderen Schaden an. Also nicht zu viel tun. Langsam, langsam. Nichts überstürzen, das geht immer schlecht aus. Gestern noch die

Hacke und das Cailendo, morgen intensive Bewirtschaftung mit Landmaschinen und chemischer Bodenaufbereitung … Und heute? Heute Schwanken, was ist besser? Die Fortschrittlichen und die Traditionalisten blicken sich feindselig an und beide führen hundert Gründe ins Feld. Zugegeben, sagen die Fortschrittlichen, bei allzu umwälzenden Neuerungen gehen die Erträge zunächst einmal zurück. Aber dann! … Warum denn der krankhafte Ehrgeiz, kontern die Traditionalisten, wir sind so lustig, wir Bauern, sollen wir unsere Lustigkeit verlieren? Wer sich allzu viele Gedanken über Rationalisierung und Ertragssteigerung macht, wird griesgrämig. Lustig sein ist hundert mal besser als tausend Überlegungen zur Ertragssteigerung. Wer etwas steigert, möchte es immer weiter steigern, dabei wird das Steigern zur Hauptsache und das, was man steigert, wird zur Nebensache. Wichtig ist dann nur, daß der Ertrag immer höher wird, was mit ihm geschieht, wird immer unwichtiger. Die Steigerungsversessenheit kann schließlich zu solchen Erntebergen führen, daß man sie nicht mehr absetzen kann, sondern vernichten muß.

Langsam wird die Lustigkeit von den Bauern weichen und wird sein wie in die Erde versunken, die dafür bessere Ernten hergibt als einen dürftigen Ersatz.

Wir reden von Bildern und Träumen. Philippe sieht Löwen im Traum. Dahinjagende Rudel, die in der Sonne verschwinden, im goldenen Sonnenuntergang und andere, die regungslos dasitzen und mit schön ausgerichteten Vorderpranken den Tag erwarten, und hie und da sogar welche, die ungeheuer durch die Luft wirbeln, ein Löwengeisterheer, die Mähnen wehen ... Mach die Augen zu, sagt Philippe zu mir, jetzt, sofort, was siehst du? ... Ich sehe dein Löwengeisterheer ... Laß es verschwinden ... Es ist weg ... Was siehst du? ... Einen langen breiten Gang ... In den Felsen gehauen? Gemauert? ... Ich weiß nicht, es ist nicht dunkel, der Gang hat kein Dach ... Führt er in eine Totenstadt? ... Ich weiß es nicht, ich sehe Mauerwerk aus roh behauenen großen Sandsteinquadern mit rötlichem Schimmer, rechts und links öffnen sich kleinere und größere Nischen ... Gräber? ... Nein. Viele Menschen stürmen in den Gang, jeder will eine Nische besetzen, die ersten Nischen sind sofort von den Schnellsten erobert und werden von ihnen verteidigt, die Langsameren müssen weiterlaufen, manchmal schlüpft einer vor der Nase eines anderen in eine Nische, die der angesteuert hatte und nun steht er enttäuscht da, viele überholen ihn, während er überlegt. Nicht, daß die ersten Nischen die besten sind, sie sind sogar oft sehr schlecht ausgestattet, manchmal mit nichts als einem Fließband, an dem sich der Nischeneroberer niederläßt für sein Leben … Als ich das sage, schaut mich Philippe entsetzt an … Kann sein, daß er sogar aufatmet, fahre ich fort, denn immerhin hat er einen Platz, während es Leute gibt, die gar keine freie Nische finden; wo sie hingeraten am Ende des Ganges kann ich nicht sehen … Ist längeres Suchen lohnend? … Meistens. Wenn du wüßtest, was für prächtige Nischen ich sehe! Byzantinische Mosaiken! Teppichbelegte Diwane! Goldschimmernde Wände, oder blaßblaue Seidentapeten und weißer Stuck! Grüne Mingvasen auf hellgrau geäderten Marmortischen mit barock geschwungenen Beinen! Aber auch scharlachrote, seitlich geraffte Zeltvorhänge mit Feldherrnzeichen! Und davor verwirrte und geblendete Nischensucher, die im Vorbeihasten einen scheuen Blick ins Zeltinnere werfen … Mach die Augen auf, schleunigst, sagt Philippe, was du gesehen hast, ist doch nur eine Totenstadt.

Der Bürgermeister von Bignona hat öfters in Dakar zu tun. Als er eines Tages aus dem Omnibus sprang, der die Fluggäste übers Rollfeld bringt, kippte er um und brach sich den Knöchel. Herr Bürgermeister, entschied das Flugpersonal, wir nehmen Sie nicht mit, wir rufen die Ambulanz ... Glauben Sie, ich will sechs Wochen im Krankenhaus liegen? Fällt mir nicht ein, ich fliege mit ... Die afrikanischen Heilmittel, findet der Bürgermeister, sind viel besser als die Medikamente der Weißen und er versteht seine Landsleute nicht, die diesen mehr vertrauen als den einheimischen und einen Medizinmann erst dann aufsuchen, wenn die weißen Ärzte versagt haben. Auf dem dreiviertelstündigen Flug von Dakar nach Ziguinchor hatte der Bürgermeister starke Schmerzen. Der Chauffeur, der ihn auf dem Flugplatz abholte, kratzte sich den Kopf, als er ihn, von zwei anderen Fluggästen gestützt, auf sich zuhumpeln sah. Er fuhr die siebenundzwanzig Kilometer nach Bignona sehr langsam, aber die Straße ist so holprig, daß die Autosprünge den Bürgermeister trotzdem folterten. Gleich nach der Ankunft zu Hause schickte er einen Boten zum Medizinmann, der aber nicht anzutreffen, sondern in Heilgeschäften unterwegs war, so daß er erst nach einer Woche zum Bürgermeister kam. Inzwischen hatte der Bruch angefangen, wild zu verwachsen; der Medizinmann brach den Fuß noch einmal kunstgerecht und umhüllte ihn mit einer besonders fetten Erdschicht. Nach vierzehn Tagen war der Bruch geheilt und es blieb nichts zurück, keine Beschwerden, keine Verformung. ... Mein Vetter ärgert sich zwar darüber, denn er ist Arzt und in Europa geschult, aber er muß ja selber sehen, wie gut ich geheilt bin, ohne Gips ...

Paul-Ignace gibt eine Geschichte zum Besten, in der ein von europäischen Ärzten bereits aufgegebenes Kind mit einem Heilkräutersud, den ihm ein Medizinmann drei Wochen lang Abend für Abend eingeflößt hat, gerettet worden ist. ... Unsere frischgebackenen afrikanischen Wissenschaftler, meint der Bürgermeister, sollten sich mehr um unsere Heilkräuter und die Heilmethoden der Medizinmänner kümmern. Diese Methoden sind Gott sei Dank trotz der Überschwemmung des schwarzen Afrika mit europäischem Gedankengut noch nicht ausgestorben. Leider tun unsere jungen Ärzte sie gern als Zauber ab. Aber was haben denn die Europäer früher gemacht, sie sind ja auch von ihren Heilkräutern ausgegangen; daß sie deren wirksame Bestandteile ausgequetscht und zusammengekocht haben, spricht nicht gegen die Kräuter; das synthetische Herstellen der Wirkstoffe ist, nun ja, ich denke, ein Schritt zu weit. Sicher wird man es auch bei uns versuchen, wir übernehmen ja auch die europäische Art zu operieren, aber wissen Sie, ich bin dagegen, denn unsere afrikanischen Methoden sind den europäischen geradezu entgegengesetzt ... Eine nähere Beschreibung dieser Methoden ist vom Bürgermeister nicht zu bekommen. ... ich bin ja kein Medizinmann, weicht er aus, ich weiß zu wenig darüber, außerdem können ausgeplauderte Geheimnisse dem Verräter Unheil bringen. Nur so viel: bei uns haben die meisten unserer wenigen Ärzte fast übernatürliche Kräfte. Wenn sie einen Kranken vor sich haben, schwindet ihr eigenes Leben völlig aus ihrem Bewußtsein, ihr ganzes Sein besteht aus der Kraft zu heilen. Freilich ist es ihnen nicht immer möglich, sich so sehr zusammenzufassen und nichts als Heilwille zu sein; dann gelingt die Heilung nicht. Private Sorgen und Überbeanspruchung – weil es für die vielen Kranken zu wenig Medizinmänner gibt – verhindern manchmal die erforderliche Konzentration. Und manchmal, man muß es gestehen, fehlt es unseren Heilkundigen ein bißchen an der Ausbildung; denn wenn auch unsere Heilkunst mehr eine Gabe als eine Kunst oder Wissenschaft ist – ganz ohne sie gelernt zu haben, kann man sie auch bei uns nicht ausüben ... Wir denken an die vielen Leprakranken, die Malaria und das Gelbfieber fallen uns ein, denen die Senegalesen früher ohne die europäische Medizin hilflos ausgeliefert waren, aber ich erwähne diesen Umstand nicht, es könnte den Bürgermeister kränken, mit der Nase auf Unzulänglichkeiten gestoßen zu werden, die vielleicht nur in den Augen der Europäer welche waren. Der Bürgermeister fängt aber selber davon an, entweder sind solche Gedanken naheliegend oder er hat die meinen erraten, er sagt, das Sumpffieber war früher wirklich furchtbar, ich habe meine drei ältesten Kinder durch die Malaria verloren; wer sie als Kind übersteht, kann beruhigt sein, als Erwachsener bekommt er sie nicht, wer sie aber als Kind nicht hatte, mußte sich sein Leben lang fürchten; Malariastationen – in denen man prophylaktische Mittel und ambulante Behandlung bei verdächtigen Symptomen hätte bekommen können – gab es ja nicht, auch unsere Station in

Bignona besteht noch nicht allzu lange; seit einiger Zeit untersucht man alle kleinen Kinder des Distrikts, man macht Blutproben und gibt Vorbeugungsmittel; ein Kind, das trotz der Prophylaxe Malaria bekommt, kann leicht und schnell geheilt werden. Viele Buschleute müssen auch jetzt noch auf die Natur vertrauen, denn Malariastationen im Urwald sind selten. Hie und da freilich, wenn man glaubt, hier ist die Welt zu Ende und gänzlich zugewachsen, öffnet sich plötzlich eine Lichtung und man trifft auf ein überraschend gut ausgestattetes Krankenhaus, es ist sicher eine Missionsstation und die Ärzte und Krankenschwestern kommen aus aller Herren Ländern. Unser Spital in Bignona ist ein staatliches und daher weniger gut ausgerüstet. Der Staat ist nicht so reich wie die Kirche, die auch noch massenhaft private Spenden erhält. Der Staat ist eher arm. Trotzdem gelingt es uns, das Krankenhaus in Bignona nach und nach zu vergrößern, vor kurzem haben wir einen eigenen Entbindungstrakt fertiggestellt, er war dringend nötig, wir heben das Kinderkriegen, viele Frauen machen gern Gebrauch von dieser Anstalt, viele fürchten sich noch und entbinden lieber zu Hause. Wir Stadtväter sehen es gern, wenn die werdenden Mütter ins Krankenhaus gehen, hier werden sie ein bißchen mit Hygiene und häuslicher Krankheitsverhütung vertraut gemacht. Unsere Frauen, man muß es zugeben, sind ja wirklich ziemlich schmutzig und leiden daher mehr an Geschlechtskrankheiten, als vermeidbar wäre. Ganz wegbringen werden wir diese Krankheiten sicher nie, obwohl unser Spital bereits jetzt Wunder tut. Nach und nach können wir die weißen Ärzte durch schwarze ersetzen, darauf sind wir stolz, auf der Entbindungsstation haben wir sogar schon einen schwarzen

Chemiker. Leider gehen die jungen Mediziner, die in Frankreich studiert haben, nicht gern in den Busch. Am liebsten möchten sie sich in Frankreich niederlassen; wenn das nicht möglich ist, wenigstens in Dakar bleiben, sie sind zu verwöhnt, der Busch bietet ihnen nichts, nur Grün, Grün, Grün, dazwischen ein weitmaschiges Netz von schmalen Trampelpfaden, auf denen die Bauern einzeln hintereinander gehen, die haben nur ein Stück bunten Stoff um die Hüften gewikkelt und tragen meist etwas auf dem Kopf, eine Kalebasse, einen Korb, ein Bündel, mit ihren abgehärteten nackten Sohlen treten sie unhörbar auf, mein Gott, wie schön sie sind, wenn sie schwarz und nackt und glänzend durch das weiche Grün wandern, leise ist es im Busch, ganz still bis auf die sehnsüchtigen Vogelschreie, die das Herz erzittern lassen, aber den jungen Ärzten gefällt das alles nicht, sie brauchen breite Avenuen und bequeme Autobahnen für ihr Seelenheil, und Lärm; im eleganten Anzug wollen sie aus einem unalltäglichen Auto steigen und zu Cocktailsoireen schlendern, sie lieben Licht, Licht, Licht in der Nacht, und schöne Art-Deco Häuser, der dunkle Busch mit seinen verschlungenen Baumriesen ist ihnen unheimlich. Sie haben keine Lust, ohne Elektrizität zu leben, denn fast alle Apparate, die sie zu bedienen gelernt haben, sind elektrische Apparate, ohne sie ist es ja mit dem Heilen nicht weit her. Wenn es also im Busch keine Elektrizität gibt, sind auch die Ärzte fehl am Platz, und das ist nicht einmal immer eine Ausrede. Allerdings haben die weißen Missionsärzte auch ohne Elektrizität schöne Erfolge, sie behelfen sich mit Propangas und Batterien. Die meisten schwarzen Ärzte sind Moslems, sie können und wollen auf einer Missionsstation nicht arbeiten.

Und eine Einzelpraxis, mitten im Busch? Ein Arzt allein im Busch ist wirklich ein verlorenes Schaf. Das mindeste, was sich im Busch halten kann, ist eine Gruppenpraxis; dem Staat fehlen vorderhand die Mittel, um überall solche Praxen oder Stationen einzurichten, so behilft man sich fürs erste vielerorts mit Ambulanzen. Auf den wenigen breiteren Wegen kämmen Arztlandrover die Distrikte durch, der Motorenlärm ist meilenweit zu hören. Die Dorfältesten legen im Rat der Gemeindehäupter die Route der Ambulanzen fest und geben den Tag bekannt, an dem der Arzt mit seinen Helfern kommen wird; die Beratungen finden in den Distriktshauptorten statt, für unseren Distrikt in Bignona; und ich als Bürgermeister dieser Stadt leite die Dorfältestenversammlung. Wir kümmern uns auch etwas um die Geldbeschaffung für unser Krankenhaus in Bignona; mit den Missionsspitälern und vor allem mit der Leprastation, die hier in der Nähe im Busch versteckt ist, befassen wir uns indessen nicht. Ein französischer Arzt leitet die Aussätzigenstation und betreibt dort Lepraforschungen, die amerikanische Caritas hilft mit Lebensmitteln und Arzneien. Alle vierzehn Tage wird von der Caritas-Zentralstelle in Dakar, auf der Spenden aus vielen Ländern einlaufen, ein Landrover mit Konservendosen und Medikamenten hierhergeschickt. Ein lustiger Mensch, der Fahrer, er singt die ganze Zeit ... Ein einziger Fahrer auf der langen Strecke, ist er noch nie überfallen worden? ... Was denken Sie! Im Busch ist er sicherer als in Paris, er hat erzählt, daß er dort einmal verprügelt worden ist, allerdings nicht von Franzosen, sondern von seinen eigenen Landsleuten, ein paar jungen Männern aus seinem Nachbardorf, es waren Sérères, er ist ein Diolà und hat ein französisches Mädchen, das die

Sérères aufs Korn genommen hatten, um es weichzukneten, vor ihnen gewarnt. Ja, die Diolàs sind nicht nur Individualisten und stolz, sie setzen sich auch für die Würde anderer ein – ja, wir sind vielleicht deshalb freiere und hochgemutere Menschen als die im Norden, weil es die Natur mit uns besser meint, unsere grüne Casamance im Süden ist freigebig; die Nordleute sind ängstlicher, sicher haben sie schlechtere Erfahrungen als wir, mit dem Boden sowohl als auch mit den Weißen ... Es fällt mir immer schwerer, den Worten des Bürgermeisters zu folgen, mir fallen die Augen zu, zum Glück muß ich niesen, das reißt mich wieder etwas aus meiner unhöflichen Verschlafenheit. ... Sie haben einen Schnupfen, stellt der Bürgermeister fest ... Ich verstehe nicht, wo ich mir den geholt habe? ... O, Sie schwitzen und um sich abzukühlen, setzen Sie sich an einen Platz, an dem es recht zieht ... Ja, der Luftzug ist angenehm, am Schnupfen kann er ja schuld sein, aber doch nicht an meiner Müdigkeit? Seit Tagen habe ich Mühe, mich wachzuhalten, kaum steige ich ins Auto, schlafe ich schon. Heute auf der Rückfahrt von Ziguinchor nach Bignona war mir dazu noch schlecht, ich dachte, vor Hunger, aber ich könnte jetzt keinen Bissen hinunterbringen. Vertrage ich das Essen nicht, oder ist es doch die Hitze? ... Nicht das Essen, nicht die Hitze, es ist das Sumpffieber, tout simplement, das werden wir gleich haben, ich bringe Sie zum Arzt in der Malariastation ... Warum denn, widerspreche ich schwach, könnte ich nicht, wie viele Senegalesen, der Natur vertrauen, oder wie Sie, afrikanischen Heilmitteln? ... Lieber nicht, lieber nicht, eine Weiße ... Nach zwei Tagen bin ich gesund. Mit dem Sumpffieber wird man im Handumdrehen fertig.

Am Abend, es ist schon dunkel, vielleicht halb neun, merkt die Frau Feuerwehrhauptmann, daß weder Brot noch Wein noch Orangen im Hause sind. Sie knöpft ihre Bluse zu, die sie daheim der Bequemlichkeit halber offen trägt, knotet den langen pagne auf, schleudert ihn auf einen Stuhl und zieht einen europäischen Faltenrock an, den ihr ihr Mann aus Paris mitgebracht hat, sie bindet ein Tuch um den Kopf, sucht das Netz und Geld, schreit ihrer Hausgehilfin zu, ich gehe einkaufen ... und tritt durch die offene Wohnungstür auf den Arkadengang – die Tür wird nie geschlossen, die Kinder laufen ja den ganzen Tag aus und ein – jetzt am Abend finden sie es auf dem Gang kühler, aus allen Wohnungen sind die Kinder gekommen, sie schreien und rennen. Manche klettern sogar auf die Brüstung der offenen Galerien und schauen in den Hof hinunter, jetzt stehen dort Grüppchen von Feuerwehrmännern, sie haben Feierabend. Von Zeit zu Zeit künden Scheinwerferstrahlen an, daß ein Auto in den Hof einfahren wird, die plaudernden Gruppen kommen ein bißchen in Bewegung. Das Feuerwehrwohnhaus ist ein dreistöckiger, dreieckiger Bau mit abgeschrägten Ecken. In den drei kurzen Querstücken befinden sich die Stiegenhäuser, die auf die drei langen Gänge – die Dreieckseiten – münden. Die Hauptmannswohnung liegt im zweiten Stock. Im ersten Stock trifft die Hauptmannsfrau ihren von einem Verwandtenbesuch heimkehrenden Mann … wohin, Chérie? … Nur schnell Wein kaufen … Sie setzen ihren Weg fort, er hinauf zu den Kindern, sie hinunter und durch die Einfahrt auf die Straße; sie braucht den Wachhabenden ihren Ausweis nicht zu zeigen, man kennt sie. Wenn ein fremder Vetter kommt, muß er sich im Wachzimmer anmelden, das hat der Hauptmann vor kurzem angeordnet, weil die Feuerwehrleute von zu vielen Vettern heimgesucht wurden. Die Wache fragt telephonisch an, ob der Besuch genehm ist. Nicht selten läßt sich der Feuerwehrhauptmann verleugnen, denn die arbeitslosen Vettern haben seine Gastfreundschaft schon zu sehr ausgenützt. Ausgerechnet zur Mittagsstunde sind sie gekommen, so daß er sie zum Essen einladen mußte, einige gar am Abend, so daß er sie bitten mußte, über Nacht zu bleiben, das ist der Brauch. Ein oder zwei Vettern sind noch erträglich, aber vier oder fünf und das jeden Tag? Sie kommen, sagen sie, weil sie den Familienzusammenhalt pflegen wollen, aber der Hauptmann hat sie durchschaut, sie sind faul. Seine Wohnung ist kein öffentliches Armenhaus mit Gratisausspeisung. Die ungewaschenen Vettern wollen schnell ein bißchen duschen und eine angenehme Siesta halten, wozu sie sich im Eßzimmer auf den Boden legen. Nachmittags kommt womöglich ein Besuch im hellen, frischgewaschenen und gebügelten Leinenanzug, der über die schnarchenden Vettern hinwegsteigen muß. Natürlich zieht er die Brauen sehr hoch hinauf. Der Hauptmann ist froh, daß die Frauen noch nicht so weit emanzipiert sind, daß sie sichtbar werden und die Verwandtenschar verdoppeln. Die Hauptmannsfrau schenkt den vorsorglichen Wachleuten beim Hinausgehen ihr freundlichstes Lächeln, und schwenkt ihr Netz: einkaufen! … Zuerst also den Wein. Jemand hat ihr ein Haus beschrieben, in dem man ihn billiger bekommt als in den Geschäften. Sie findet das Haus nicht gleich, erst das dritte ist das richtige. Ein Mann tritt aus einer Tür – wahrscheinlich hat er die Schritte im Torweg gehört – sieht die Flaschen, nimmt sie aus dem Netz, fragt: voll? und verschwindet für zehn Minuten. Die Hauptmannsfrau findet es nicht seltsam, daß er sie in dem dunklen Torweg warten läßt, sie fragt sich nur wo er so lange bleibt? Als er den Wein bringt, nimmt er stumm das Geld entgegen, er will nicht wissen, woher sie seine Adresse hat. Mein Mann wird schimpfen, daß ich wieder so lange brauche, denkt sie flüchtig auf dem Weg zum nahen Brotgeschäft. Dort kann man auch Eier Zucker, Nudeln und aller Art Konserven nebst Nes-Café und Nestle-Milch kaufen, sogar Trikotleibchen und Socken. Das Geschäft gehört einem Mauretanier und für einen solchen ist es groß. Es hat drei Wände, vorn ist es offen. In der Rückwand ist ein mit einem Schnurvorhang versehener Eingang. Der Länge nach in der Mitte des Raumes steht der Ladentisch, hinter dem sich der Ladeninhaber vom Boden erhebt, als er Schritte hört … Das ist das letzte Brot, sagt er und zeigt auf dasselbe. Es liegt neben dem hohen Petroleumfaß und fast in einer Petroleumlache. … Sie können es schon billiger hergeben, wenn es doch das letzte und außerdem nur ein halbes ist, das nach Petroleum stinken wird … Der Maure lächelt gequält: es ist ein dreiviertel … Sie zahlt ein halbes Er kennt sie schon, was soll er machen. Sie ist schließlich dreimal so dick und vier mal so energisch wie der dünne schwache Maure. Der versteckt die mageren alten Ärmchen in seinem weiten schmutzig-weißen Kaftan und schaut ihr mit großen runden Augen nach. Sein Gesicht ist schmal und müde, seine Stirn von grauen Locken gekrönt. Was soll man machen, sie ist so, bei ihr kommt er nie zu seinem Recht. Er ist ratlos, warum sind die Geschicke der Menschen so ungleich? Nicht, daß er sich dagegen auflehnt, er fragt nur. Wieso gibt es Ungerechtigkeit? Er fragt nur. Er schaut ihr nach, sie überquert den Platz und geht auf die neben der Feuerwehr befindliche Tankstelle zu. Der schwarze Tankstellenwart grinst ihr entgegen, gerade dies verächtliche Lachen ist aus der Dunkelheit geschnitten, weil die Tankstellenlampe den Tankwart bescheint, während die Frau Feuerwehrhauptmann nur ein dunkler Schatten ist: der Maure blickt auf ihr arrogantes leicht hin und her schwingendes Hinterteil. Es ist eine gerade Linie von der Maurenbude zur Tankstelle, es ist eine Schiene der Verachtung. Die Hauptmannsfrau verachtet den Mauretanier und wird ihrerseits vom Tankwart verachtet, freilich macht sie sich daraus – fast – nichts, denn sie steht ja turmhoch über dem armen Tankmenschen. Sie errät nicht, was er mit seinem Grinsen meint, und natürlich weiß sie nicht, was er zu seinem Gehilfen sagt: sie spielt die große Dame, dabei kann sie nicht einmal die Zahlen lesen … Mit dem Tankwart hat sie nichts zu handeln, deshalb denkt sie über ihn nicht nach. In anderen Geschäften fühlt sie unbehaglich, daß man sie betrügen wird, sobald man herausbekommen hat, daß sie Analphabetin ist. Die Vorstellung, als belächelte Idiotin dazustehen, bereitet ihr Pein. Deshalb beugt sie vor, indem sie die Verkäufer anschreit. Gellend schreit sie, ihre Stimme wird gefürchtet – oder auch belächelt, sie ist bekannt für ihr Gebrüll, aber das weiß sie nicht einmal; sie muß sich wehren. Nur noch die Orangen, sie will sie auf dem großen Platz hinter der Feuerwehr holen, auf dem die Überlandtaxis stehen. Im Vorbeigehen wird sie angerufen, wollen Sie nach Kaolack? Zwei Plätze sind noch frei ... Wenn Sie mich umsonst mitnehmen ... Aber Madame! ... Sie ist schon beim nächsten Taxi, der Chauffeur lehnt am Auto und raucht, Ziguinchor, Madame, flüstert er beschwörend ... Ziguinchor, wo die Füchse und Hasen sich gute Nacht sagen, was soll ich dort? ... Madame! Sie sind doch selbst von dort, Füchse und Hasen! Wie können Sie so lästern, kommen Sie nur mit, morgen früh sind wir dort ... Sie hört es nicht mehr, sie ist schon bei den Verkaufsständen angekommen, es ist eine lange Reihe, die den Taxiplatz säumt. So ein Stand hat die Ausmaße eines größeren Eßtisches. Auf der Tischplatte sitzt inmitten seiner Waren der Händler mit so spitz aufgestellten Knien, daß sie hinter den Achseln hervorlugen. Ein lebendes Skelett in einem winzigen Gehäuse, das mit Früchten und ein paar anderen Lebensmitteln angefüllt ist. Dicht um den Tisch herum stehen drei Wände, an der Hinterwand hängt eine Petroleumlampe, die der Händler gelegentlich ergreift, um die Waren vor seinen Füßen zu beleuchten. Er braucht sich nicht weiter zu bewegen, er kann alle Waren von seinem Sitz aus erreichen, auf den seitlichen Regalen stehen offene fliegenumschwärmte Zuckerschalen, auch Tüten mit Reis und mit Milch. Die Frau Feuerwehrhauptmann schlendert von einem Stand zum ändern und kramt in den Orangenhaufen herum, von den Gerippen schweigend beobachtet. Beim sechsten Händler findet sie

Früchte, die ihr gefallen. Alle Händler haben die gleichen Früchte, aber sollen sie es ihr sagen? Sie wird auf jeden Fall nur bei einem Händler kaufen; je nach Laune wechselt sie die Händler, einen neuen lächelt sie an. Der Händler wägt die Orangen auf einer Hebelarmwaage, die er links irgendwo zum Vorschein gebracht hat und nachdem die Hauptmannsfrau auch das Obst kräftig heruntergehandelt hat, kehrt sie befriedigt heim. Einkaufen ist vergnüglich, man muß es in die Länge ziehen. So ein kleiner abendlicher Einkauf ist freilich nicht übermäßig unterhaltsam. Am lustigsten ist es auf dem Markt. Dorthin darf sie fast jeden Vormittag, der Chauffeur bringt sie mit dem Auto hin; alle Leute schauen auf sie, wenn sie aussteigt, köstlich! Und dann darf sie handeln und herumschreien nach Herzenslust, außerdem trifft sie meistens Bekannte, mit denen sie einen langen Tratsch halten kann; wenn aber keine auftauchen, macht es auch nichts, dann untersucht sie den ganzen Markt gründlich und erkundigt sich nach den Preisen. Sie läßt den Artikel, den sie in der Hand hat, zurückfallen: viel zu teuer ... Die Händler nehmen es gelassen hin, die ordentlich aufgestellten Sandalen bringt sie in Unordnung, die in flachen Reihen ausgelegten Unterhemden sind nach ihrem Weggang ein zerknüllter Haufen, die Büstenhalter ineinander verhakt. Besondere Freude macht das Stoffebefühlen. Ihre Finger kennen die Stoffe schon, die einen sind rauher, die anderen weicher, manche ein zärtliches Wunder, und die Farben, die Muster – einige stumpf und unansehnlich, aber andere! Leuchtend, überirdisch, zum Verrücktwerden, seit Wochen streicht sie um einen grünen Stoff herum, ein Grün wie der Busch im Frühling, nur durchsichtiger, feenhafter. Einen Kauf wagt sie nicht ... Es ist die feinste Seide, sagt der Händler, darum teuer ... aber kann sie wissen, ob der Preis nicht dennoch übertrieben hoch ist? Stoffe und Kleidungsstücke zu kaufen überläßt sie ihrem Mann, er kennt sich aus, für sie ist es amüsant genug, die wählerische Kundin zu spielen, die sich einen Kauf noch überlegen muß. Trotzdem verläßt sie den grünen Stoff jedesmal mit Herzflattern. Bei den Lebensmitteln hat sie ihn vergessen, das Handeln nimmt sie in Anspruch, sie ersteht mit der Zeit den besten Fisch und einen vorzüglichen Knochen, an dem noch viele Fleischfasern haften. Der Geruch bei den Fleischbänken und das Fliegengekrabbel auf den in der Sonne liegenden Fleischstücken stören sie nicht ... An dem Fleisch ist noch niemand gestorben – man kocht es ja, ebenso den Fisch, das tötet die Keime, macht nichts, wenn er schon ein bißchen stinkt. Die Europäer haben einen überempfindlichen Magen, sie kaufen das Fleisch lieber aus der Tiefkühltruhe im französischen Selbstbedienungsladen, aber kann denn Kälte für das Fleisch gut sein, Kälte ist etwas Unnatürliches; trotzdem scheinen die Europäer sie der Hitze vorzuziehen, nicht einmal Konserven mögen sie, die auch nur fünf Minuten in der Sonne gestanden sind ... Der Herr Gemahl Feuerwehrhauptmann ist anderer Meinung als seine Frau. Zwar läßt er sie bei Mauren und Schwarzen einkaufen, aber er wettert dagegen: du wirst noch die ganze Familie vergiften ... Er selbst kauft nur bei Libanesen und Franzosen ... sie sorgen schon seit langem dafür, daß Hirse nicht unsere einzige Nahrung ist. ... Trotzdem ärgert er sich darüber, daß sie den Handel im Senegal in der Hand haben: Es ist ungerecht, uns bleibt nichts, eine Nation wird nicht reich, wenn der Handel nicht in ihrer Hand ist … Geduld, Geduld, eines Tages werden die Fremden verschwunden sein … Glauben Sie? Ich fürchte, Sie sind im Irrtum, die Libanesen zumindest rühren sich nicht von der Stelle … Bis jetzt hatten die Schwarzen für den Handel nicht viel übrig … Man hat uns nie zugelassen, sagt der Feuerwehrhauptmann hitzig, immer hat man behauptet, wir seien zu dumm für den Handel … Zu dumm? Zu ehrenhaft! Handel, sagen viele, ist verwerflich, verächtlich … Wer sagt das? Wer etwas verachtet, ist im geheimen neidisch; wir sollen durch Produktion reich werden, schlagen sie vor, schlägt sogar der Vetter Minister vor, zum Beispiel durch Erdnußproduktion, aber wie denn? Solange wir den Handel nicht beherrschen, werden wir nicht wirklich frei sein, denn wir sind von ihm abhängig; und reich werden wir erst recht nicht sein, denn die fremden Händler bringen das Geld, das sie einnehmen, außer Landes …

Unser Geschichtsbild, erzähle ich, ist eigentlich kein Bild, sondern eine fest verschraubte Konstruktion. Die vergangenen Tatsachen, behaupten wir, stehen eisern fest. Gelegentlich entdecken wir ein neues historisches Faktum, das wir an passender Stelle einfügen, vorerst versuchsweise; wenn wir den Eindruck gewinnen, daß die Konstruktion durch das neue Element plausibler und haltbarer wird, ziehen wir die Schrauben an; vielleicht kommen uns später Zweifel, ob der Platz der richtige ist, dann lösen wir das Faktum aus seiner Verankerung und suchen eine andere Möglichkeit. Oft gehen die Meinungen auseinander, es gibt Streit, wo paßt das neue Element am besten, wo widerspricht seine Einfügung am wenigsten der geschichtlichen Logik? Es kann auch vorkommen, daß ein uraltes Element, über dessen richtigen Geschichtsort wir uns schon seit Jahrhunderten nicht mehr gestritten haben, rostig wird und herauszufallen droht oder daß die Schrauben sich von selbst gelockert haben, so daß wir uns diesem Teil der Konstruktion schleunigst zuwenden und ihn gründlich überholen müssen. Bei dieser Arbeit kann uns so sehr der Eifer packen, daß wir gleich das ganze Gefüge zu modernisieren gedenken und ihm einen zeitgemäßeren Anstrich geben wollen. Dies wiederum finden andere pietätlos oder unsinnig: So begnügt euch doch mit der Reparatur der schadhaften Stelle! ... Wir haben neue Erkenntnisse gewonnen, die unsere Prozedur rechtfertigen. ... Neue Erkenntnisse! Aha. Woher? ... Von den Ethnologen, unter anderen. Sie haben die Primitivgesellschaften untersucht, tun es noch, soweit es möglich ist, und haben dabei einen Zauberspiegel gefunden, in dem wir Entwickelten die Vergangenheit, unsere eigene Kindheit und Jugend, unsere zivilisatorische Unschuld erblicken, die Zeit, in der wir unsere Welt noch nicht verdorben hatten. Ob wir je unschuldig waren, ist freilich eine Frage. Wahrscheinlich sind wir alle von Geburt an schuldig oder unschuldig nur nach Maßgabe des jeweiligen Erkenntnisstandes der Menschheit, vielleicht ist das Gefühl von Schuld eine Funktion des Wissens. Heute neigen wir dazu, Früheres zu verklären, vielleicht ist das Teil unserer jetzigen Unschuld: gutgläubig nehmen wir an, daß es früher besser war, aber vielleicht behaupten wir das nur, um unserer Zeit besser Vorwürfe machen zu können. Die primitiven Gesellschaften waren – und sind – vermutlich ebenso niederträchtig und heuchlerisch wie wir, aber abgesehen davon: daß man sie untersucht wie Insekten, ist schon ein starkes Stück.

Ich bin im Senegal geboren, erzählt der junge Universitätsassistent. Er ist Jurist, seine Fakultät liegt in der Nähe des Jardin de Luxembourg, dort geht er oft spazieren, ich gehe heute mit ihm. Es ist Frühling, die Leute auf den weißen Stühlen halten ihre Gesichter der Sonne entgegen ... Es ist schon über zwanzig Jahre her, seit wir wieder in Frankreich leben, aber ich kann mich immer noch nicht an unsere zaghafte, diesige Sonne gewöhnen ... Viele Kinder lassen auf dem glitzernden Wasser des Bassins ferngesteuerte Schiffchen schwimmen, die Parkwächter schauen zu. ... In Dakar war das Wetter immer schön, wahrscheinlich trügt mich meine Erinnerung, aber unter Hitze habe ich nie gelitten; freilich verbrachten wir die heißeste Zeit, die Ferien, in Europa ... Wir setzen uns an den Rand des von jungem Laub locker überschatteten Bassins, dessen Wasserfläche schief erscheint, weil die Seitenwände, die man für waagrecht hält, unmerklich ansteigen ... Europa, das Land der Tricks und Augentäuschungen: mittlerweile liebe ich es wieder, denn dahinter steckt die Philosophie der Verbesserung und der Wille zur Verbesserung ist an sich etwas Vortreffliches, die Afrikaner haben ihn seit geraumem übernommen. Daß alles Verbesserte ein falsches Übergewicht bekommen und umkippen kann, ist eine andere Frage. Fatalismus ist darauf keine Antwort – ich habe mit »La belle histoire de LEUK le lièvre« lesen gelernt, die schöne Geschichte von LEUK dem Hasen ist eine philosophische Erzählung für Kinder, es sind gesammelte Märchen, Senghor hat sie nachgedichtet. Der Hase LEUK reist durch ganz Afrika. Er selbst und alle Tiere, die er trifft, können sprechen und sie reden nicht nur miteinander, sondern auch mit den Menschen und machen sie aufmerksam. Ich habe die Hasenmärchen sehr geliebt, sie haben mir einen unzerstörbaren Geschmack an phantastischen Erzählungen eingegeben, samt ihren liebenswürdigen unaufdringlichen moralischen Schlenkern; wahrscheinlich liebe ich deshalb heute die Oper, vor allem die Zauberflöte. Mein Vater, Jurist und Fachmann für Moral, hat mir als Kind die Märchen erläutert. Er war Professor an der Universität in Dakar, sie liegt etwas außerhalb der Stadt, in dem Viertel Fann am Meer. Auf dem Universitätsgelände – es wurde Campus genannt und lange Zeit glaubte ich, das sei der Name der Universität – befinden sich auch die Wohnhäuser für Professoren und Personal. Die juristische Fakultät war neu, sie war in einem niedrigen kolonialistisch leichtem Bau mit mehreren Haupt- und Nebenflügeln untergebracht. Sicher ist es ein häßliches Gebäude – mir als Kind kam es sehr schön vor, es war hellblau und rundum liefen weiße Arkaden, im ersten Stock säulengestützte Galerien, meine Erinnerung stellt es in die Mitte des Campus, was indessen nicht seine wahre Lage ist. Es beherbergte ein Geheimnis: was konnte meinen Vater veranlassen, regelmäßig und tagtäglich in dieses Gebäude zu gehen? Eine unsichtbare Macht mußte ihn hineinziehen. Ich strich gern um die Fakultät und spürte dabei die rätselhafte Macht, obwohl ich nicht hineingezogen wurde; sie hatte nichts Feindseliges, verursachte bloß ein leises Prickeln. Ohne daß ich wußte, was es bedeutete, fühlte ich, daß wir privilegiert waren, wir lebten in einer stark hierarchischen Welt und als hoch oben angesiedelte Hierarchiepyramidenglieder führten wir ein leichtes und angenehmes Leben – besonders im Vergleich zu dem Leben der einheimischen Stadtbevölkerung oder der ärmeren Bewohner europäischer Metropolen. Am Morgen strömten die Studenten in den Campus, im Gegensatz zum Lehrkörper waren sie schwarz, sie lachten selbstbewußt, ihr Benehmen beeindruckte mich, es war so anders als das unserer schwarzen Dienstboten oder der Einheimischen, die ich auf der Straße sah. Sie drangen in alle Institutsgebäude ein, gingen in den Anlagen spazieren, spielten – am Abend waren sie verschwunden wie ein Spuk, der Campus versank in Lautlosigkeit. Verlassenes Bühnenbild. Alles attrappenhaft, theaterartig, Auftritt und Abgang verkleideter Personen und Volksmassen, das müßige Geplauder der Professorenfrauen, die Studenten in Weste und Kravatte. Außerhalb des Campus waren die Männer anders angezogen, sie trugen weite Boubous, auch gab es viel mehr Frauen, ihre bunten Kopftücher und flatternden Gewänder leuchteten. Trotz der Unwirklichkeit und Fassadenhaftigkeit des Campus, dieser Stadt in der Stadt, empfand ich stark, daß sie zu einem bestimmten Zweck errichtet war. Was das für ein Zweck war, habe ich nicht verstanden, aber es beeindruckte mich, daß sich ihm alle unterordneten, sowohl die im Universitätsgelände Wohnenden als auch die vielen studentischen Besucher. Die Erfahrung meiner frühen Kindheit in dieser künstlichen und isolierten Zweckstadt, die sich so deutlich von ihrer Umgebung abhob, schuf in mir eine unbezwingliche Neigung zu Städten – oder Gebäuden – mit sehr speziellen Funktionen und seien es Städte, die eigens geschaffen wurden, um Sitz einer Macht zu sein und diese Macht zu bekunden. Ich kann Versailles nicht häßlich finden, trotz allem, was man gegen den Absolutismus vorbringen kann. Mich interessiert die architektonische Gestaltung der Machtzentren. Macht und Architektur stehen in einem engen Verhältnis zueinander, ich liebe die päpstlichen Paläste und weitläufigen Königsschlösser, selbst ein so melancholisches Bauwerk wie die Hofburg in Wien, die Macht kaum noch ausdrückt, sondern schon in Frage stellt – aber zurück nach Dakar. Am Sonntag mußte der Campus von gespenstischer Stille sein, denn die meisten Familien verließen ihn, um den Tag am Meer zu verbringen. Mein Vater hatte eine ziemlich weit entfernte Lagune entdeckt, zu der wir immer schon früh am Morgen aufbrachen. Nach dem Mittagessen gingen meine Eltern und Geschwister ins klimatisierte Hotelzimmer schlafen, denn die Hitze draußen war mörderisch. Ich entschlüpfte ihnen und zog mich in den Schatten einer kleinen Fischerhütte zurück, die knapp am Meer auf Sand gebaut war. Ich wartete dort, bis die Temperatur wieder erträglicher wurde und ich Spiel oder Bad wieder aufnehmen konnte. Ich schlief nicht, ich langweilte mich nicht, ich hatte ein Schauspiel vor mir, ein allerdings fast regloses. Es gab am Strand einige Hunde, die an Schlafkrankheit litten, ich beobachtete sie, sie lagen im Schatten eines Bootes, eines Baumstrunks, einer kleinen Düne und bewegten sich nicht, nicht einmal, als die Sonne über sie hinkroch und sie wieder ganz ihren Strahlen ausgesetzt waren. Sie waren friedevoll, sie schienen nicht zu leiden. Was man mir oft gesagt hatte, nämlich wie entsetzlich die Schlafkrankheit ist, wurde durch die Hunde nicht bestätigt, sie verkörperten für mich das absolute Wohlbehagen. Ich bewunderte ihre Unbeweglichkeit und die Unendlichkeit ihrer Zeit, ihre Gleichgültigkeit gegenüber Veränderungen und ihre Geduld. Wenn ich zu ihnen hinging, öffneten sie ein Auge, oder beide, versicherten sich kurz meiner Ungefährlichkeit und fielen wieder in die vorige Betäubung. Nicht die Krankheit zwang sie zu solcher Apathie, dachte ich, nein, sie hatten die Ruhe frei gewählt. Loslösung von allem Irdischen. Ich möchte ein schlafkranker Hund sein, sagte ich zu meinen Eltern. Sie fanden den Gedanken bizarr, ich hatte damit aber meine Sehnsucht ausgesprochen, ich glaubte, daß es die Sonne ist, die die Hunde äußeren Einflüssen gegenüber so teilnahmslos macht und die Unbeteiligtheit hielt ich für einen erstrebenswerten Zustand; viele Jahre später fiel mir eine taoistische chinesische Zeile in die Hand: häng nicht dein Herz ans Schattenspiel der Welt – ich handle nicht danach, aber noch heute bin ich davon überzeugt, daß es keine Vollendung, keine Loslösung von unnützen Dingen, keine innere Freiheit gibt ohne die blendende betäubende Sonne, die uns niederwirft und unsere Augen schließt, die unsere falschen Bedürfnisse schlackenlos wegglüht – wenn wir es ihr erlauben, wenn wir uns vor ihr nicht schützen – die durch ihre sengenden Strahlen unsere Unrast zum Schmelzen bringt und uns in einen Zustand göttlicher Ruhe versetzt. Häng nicht dein Herz ans Schattenspiel der Welt ... Wir stehen auf und setzen unseren Spaziergang fort, eine Weile gehen wir schweigend, die Blikke auf den Kiesweg gesenkt. … Erinnern Sie sich an die Muschelstraßen im Senegal? fragt der junge Mann, im und rings um das Universitätsgelände waren die Straßen mit zerbrochenen Muschelschalen gepflastert, sie schimmerten perlmutterweiß, jeder Schritt, jeder Autoreifen mußte sie weiter zermahlen, ich habe mich gebückt, ich habe sie untersucht, unter all den Splittern gab es auch ganze, sehr winzige Muschelchen, wie Milchzähne von Kindern. Waren es etwa wirklich Milchzähne, Milchzähne findet man ja nie wieder, wenn man sie verloren hat …

Schön ist der Senegal zur Regenzeit. Grün. Schön ist die Casamance, grün, grün, grün. Auf den schmalen Wegen im Busch gehen hintereinander die Fischer. Jeder hat ein riesiges Fächerpalmenblatt, zu einem spitzen Hut zusammengedreht, auf dem Kopf. Vorn reicht das Blatt bis zu den Augenbrauen, seitlich und hinten weit über Schultern und Rücken. Das Regenwasser rinnt in den Fächerrillen hinunter, die schwarzen nackten Arme und Beine glänzen vor Nässe. Jeder Fischer trägt mehrere Bündel Fische, sie sind ungefähr zwanzig Zentimeter lang und silbergrau; durch alle Fischköpfe geht ein Draht, an einem Drahtring hängen fünf Fische, ihre Schwanzflossen zittern bei jedem Schritt des Fischers. Die Fischer sind den Fluß Casamance entlang durch den tropfenden Busch gegangen und kommen nun zur Anlegestelle der Fähre nach Ziguinchor. Hier sammeln sich immer Leute, die auf die Fähre warten, oft gelingt es, ihnen alle Fische zu verkaufen. Der Strom ist an dieser Stelle sehr breit, er befindet sich knapp vor seiner Mündung ins Meer, er ist weißlichgrau, matt, regendampfend, kaum bewegt. Die Fähre liegt am jenseitigen Ufer und rührt sich nicht, heute ist das Wetter zu schlecht, da fährt sie nicht oft hin und zurück; ein Auto steht seit längerem auf dem Fährschiff, ein zweites will sich nicht zeigen, auf dem diesseitigen Ufer wartet kein Fahrzeug, es ist fraglich, ob heute mit den Fischen ein gutes Geschäft zustandekommt; einer von den Fischern gibt nach kurzer Debatte mit den anderen auf und verschwindet im Busch. Die anderen stellen sich unter das Wartedach und nehmen ihre Blätterhüte ab. Unter dem Dach warten schon drei andere Leute in schwarzen Wachsregenmänteln, sie blicken über den Fluß. Das Dach ist sechseckig und ruht auf sechs stämmigen Pfosten, von denen fünf in halber Schenkelhöhe durch Querbalken verbunden sind; auf diesen kann man bequem sitzen und sich an einen Pfosten lehnen. Jetzt kommt ein Mann im schwarzen, naßglänzenden Regenmantel, der auf seinem Fahrrad eine Kalebasse mitführt. Die müden Fischer werden bei ihrem Anblick munter: Hast du Palmwein da drin? ... O ja, den besten ... Für's Trinken geben die Fischer gern ein paar Fische her. Auf die nämliche Art handeln sie sich auch Bananen ein; sie hätten es nicht gewagt, wenn die Bananenhändlerin sie nicht gerufen hätte, wahrscheinlich hat sie ebensowenig Geschäft erwartet wie die Fischer und hat gedacht, besser ein paar Fische fürs Abendessen als die Früchte wieder nach Hause tragen, sie drängt den Männern alle Bananen auf und hätte ihnen auch noch die Lianenfrüchte gegeben, wenn die Fischer sich nicht gewehrt hätten. Nun ordnet sie die Lianenfrüchte neu und legt sie weiter auseinander. Sie sitzt mit breit gespreizten Beinen auf ihrem Schemel und hat zwischen ihren Knien einen schönen Tigerkater, er kann nicht naß werden, er hat zwei Dächer, die Tischplatte mit den Früchten und hoch oben das große Pfostendach. Die Bananen- jetzt Lianenfruchthändlerin versteckt die Fische vor der Katze und gibt ihr nur zwei Fischschwänze. Mittlerweile haben sich unter dem Dach noch mehr Männer angesammelt, sie sind entweder halbnackt und tragen Blätterhüte oder sind bis zu den Knöcheln in schwarze Regenmäntel gehüllt. Sie schauen angestrengt zum anderen Ufer und immer wieder kommt es einem von ihnen vor, als habe die Fähre sich bewegt, aber sie hat wohl bloß ein bißchen geschaukelt. Plötzlich drehen sich alle über den Fluß Blickenden um, denn hinter sich hören sie ein Auto. Sollte es der Wagen des Apothekers von Ziguinchor sein, der auf der roten Straße mit den tausend Pfützen daherholpert? Ja, er ist es. Der Apotheker ist nicht allein, sein französischer Freund ist bei ihm. Die Fischer freuen sich, der Apotheker, ein stattlicher, freundlicher, ziemlich reicher Schwarzer, hat eine zahlreiche Familie, allein schon dreizehn Kinder und sonst noch hundert Mitwohner in seinem Haus, Vettern, Kusinen und Personal, und braucht für alle immer viele Fische und auch der weiße Freund ist nie abgeneigt, welche mitzunehmen. Durch den apothekerlichen Fischgroßeinkauf werden die anderen Wartenden angelockt; das Geschäft geht so gut, daß schließlich zu wenig Fische da sind; die Bananenhändlerin und der Mann mit dem Fahrrad wollen die ihren nicht mehr hergeben, so rennt Einer in den Busch und dem Fischer nach, der aufgegeben hat, er ist aber schon zu weit weg. Und nun schwimmt die Fähre sogar schon mitten auf dem Fluß und niemand hat gesehen, wie sie abgelegt hat, so sehr waren alle mit dem Handel beschäftigt. Vier Autos befinden sich auf ihr, oder gar fünf? Der Regen prasselt auf die Autodächer und auf die Holzplanken der Fähre, springt spannenhoch zurück; die Fährmänner versehen ihren Dienst in Südwestern und bodenlangen Regenmänteln. Die Wartenden sind unter dem Dach hervorgekommen, die Fischer haben ihre Blätterhüte aufgesetzt und sind im Busch verschwunden. Gleichmäßig schlägt das warme graue Wasser des Stroms an den roten Ufersand und bringt bei jedem Schlag eine Menge winziger weißer und grauer Muschelchen mit.

Lichtgrau, lichtgrün und ein bißchen mattes Rot sind die einzigen Farben, nachdem die schwarzen Farbtupfer der Menschen verschwunden sind und die weiße sich entfernende Fähre vom nun heftiger strömenden Regen fast verschluckt worden ist. Himmel und Fluß sind weißlichgrau, ihre Trennungslinie kaum auszumachen, das andere Ufer ein bloßer Schatten. Gemeinhin hält man weißlich-grau für eine kalte abweisende Farbe, aber hier ist es warm, weich und entgegenkommend. Der Busch hat ein naßglänzendes, helles, explosives Grün, eine Farbe, die schneidend sein könnte, es aber nicht ist, das Grün ist warm, blühend, zärtlich, sehnsüchtig und geheimnisvoll. Das Rot der Straße ist dem betörenden Buschgrün nicht verwandt, es ist ein zurückhaltendes Tennisplatzrot. Rechts und links der Straße, die schnurgerade von weitem kommt und rechtwinklig auf den Fluß stößt, liegen mitten im Busch ausgedehnte Tümpel, Seen fast, von wechselnder Farbe, mattes Silber hier, dort Blei, dort Stahl, alles grau, dampfend, warm. Hie und da erhebt sich mitten in einem der flachen Gewässer ein starker Baum mit gewundenen verschlungenen Wurzeln, eine vegetative Laokoongruppe. Über eine weite Strecke ist die Straße bloß ein roter Damm quer durch einen seichten Riesentümpel. Auf dem Damm sind kleine Tümpelchen und durch diese patscht ein Mann mit bloßen Füßen. Er schaut angestrengt nach vorn, denn dort sieht er die Fähre am Ufer liegen; er muß schnell sein, denn er möchte sie noch erreichen und sein Herz klopft, weil er das erste mal in seinem Leben eine Fähre zu benützen gedenkt. Die Fährmänner wollen gerade ablegen, als einige Fahrgäste den Laufenden bemerken. Du darfst uns ruhig nachschwimmen, ruft ihm ein Fährmann ärgerlich zu, hält die Fähre aber doch an und wartet; doch da hat der Mann seinen Lauf schon gebremst. ... Was ist nun, willst du mit oder nicht? ... Ich will nicht mit. ... Die Fähre legt ab. Der Mann steht am Ufer und gräbt mit den Zehen in den kleinen Muscheln herum. In seinem Vorwärtsstürmen auf die Fähre zu hat er die Bananenfrau unter dem Dach nicht bemerkt, aber natürlich hat sie ihn gesehen; und sie schaut ihn immer noch an, denn er steht gerade in ihrer Blickrichtung, den Rücken ihr zugewandt, den Kopf hält er gesenkt. Sie durchschaut ihn ganz gut, er hat Angst gehabt, sich lächerlich zu machen, er hat gefürchtet, nicht mit der nötigen Unbefangenheit und Geschicklichkeit auf die Fähre springen zu können, aller Augen wären auf ihn gerichtet gewesen, da er der einzige zu spät Kommende war, sicher hätte er durch sein Benehmen zu erkennen gegeben, daß er noch nie eine Fähre bestiegen hatte; er würde auf die nächste warten und genau beobachten, wie die Leute sich anstellen und es ebenso machen. Die Bananenfrau hat Mitleid mit ihm. Sie streichelt ihre Tigerkatze. Der Vorgang, der sich vor ihr abgespielt hat, schmerzt sie, aber warum? Es ist ein starkes Gefühl, sehr heftig, es zieht ihr den Magen zusammen. Der Schmerz hat etwas mit der freieren Vergangenheit zu tun, die auch ihre Vergangenheit war, manchmal möchte sie ihr nachheulen wie ein hungriges Wild, wie ein Tiger, wie ein Löwe. Der Buschmann verliert seine Würde, wenn er heraustrabt aus dem Busch und wenn ihm die, die schon draußen sind, hämisch entgegenblicken. So schön ist er gewesen, der Buschmann, so stattlich, so groß, mit immerwachem Sinn für Gerechtigkeit. Aber jetzt macht man aus den freien schönen Buschmännern ein geducktes, zerschlissenes Armenvolk.

Nun dreht der Mann sich um, die Frau zieht sofort aus ihren Augen das Mitleid zurück, sie lächelt ihn an. Die Frau ist freundlich, trotzdem steigt dem Mann das Blut in den Kopf, er ist überrascht, hier einen Menschen zu sehen, wo er keinen vermutet hat; die Frau mußte den beschämenden Vorgang gesehen haben, er glaubt, ihr eine Erklärung zu schulden: ich habe die Fähre verpaßt ... Ich weiß, mach dir nichts draus, das kommt hier alle Tage vor. ... Das sagt sie so nebenbei, aber überzeugend; es stimmt sogar, und er glaubt es. ... Komm unter das Dach, sagt sie, du mußt nicht noch mehr naß werden, und setz den Hut ab. ... Das Leben draußen, findet da der Buschmann, ist doch nicht so schlecht; er ist glücklich: die Frau hat sich nicht über ihn lustig gemacht, es ist eine alltägliche Geschichte, daß jemand die Fähre versäumt, man weiß ja nie, wann sie kommt und wieder abgeht, es hängt davon ab, wieviele Fahrgäste sich angesammelt haben. Er stellt seinen Hut vorsichtig auf die Erde. Magst du Lianenfrüchte? fragt die Frau, nimm! ... Sie weiß, daß er nicht auf den Gedanken kommen wird, zu fragen, was sie kosten, aber es macht ihr nichts, sie freut sich, daß sie Gesellschaft hat und ißt auch eine Frucht. Was willst du denn in Ziguinchor? fragt sie schließlich. ... Meine Kinder sind krank, der Dorfälteste hat mir geraten, zum Apotheker nach

Ziguinchor zu gehen, der hat ein Mittel gegen das Sumpffieber ... Ganz bestimmt hat der so etwas, aber sag, weißt du den Weg? Ich kann dir nämlich nicht sagen, wie du am besten hinkommst, ich habe keine Ahnung ... Der Dorfälteste hat mir den Weg beschrieben, aber begriffen habe ich es nicht ... Mach dir keine Sorgen, den Apotheker kennt jeder, du brauchst nur irgend jemanden zu fragen ... Wenn das so leicht ist, denkt der Mann, alles ist einfacher als ich glaubte, bin ich froh! Das Leben draußen ist ja gar nicht schrecklich, er bewältigt es, das stimmt ihn hoffnungsvoll: Meine Kinder, sagt er zu der Frau, werden sicher gesund ... Wieviele hast du denn? ... Erst vier ... Ein Auto naht, der zweite Fahrgast für die nächste Fähre, es ist ein Kombiwagen und die Frau kennt den Fahrer; der nimmt dich mit, sagt sie zum Buschmann, er fährt ohnehin zum Apotheker, er beliefert ihn ... Ich habe so viel Glück, denkt der Buschmann, meine Kinder, lacht er, werden gesund, ich habe soviel Glück, ich habe so viel Glück. ... Die Fähre liegt schattenhaft am anderen Ufer und rührt sich nicht, der Regen prasselt auf den breiten trägen dampfenden Fluß.

Schön ist die Casamance in der Regenzeit. Auf den schmalen Wegen im Busch gehen die Frauen einzeln hintereinander und tragen auf den Köpfen flache Körbe, über deren Rand die ausgezogenen Reishalme ragen, die weich und hellgrün über den schwarzen Gesichtern wippen. Die Frauen schreiten sehr aufrecht, damit ihre Bürde nicht das Gleichgewicht verliert. Die violetten fleischigen Lippen sind geschlossen, die breiten Augenlider gesenkt. Die alten Reispflanzerinnen haben bloß einen um die Hüften geknüpften Schurz an, ihr Oberkörper ist nackt; die jüngeren tragen über dem pagne eine weite, tief ausgeschnittene Bluse. Eins der Mädchen, ein schlankes, sehr junges, schönes, ist in einen sonnenblumengelben Schurz gehüllt, auf dem viermal ein lebensgroßes Portrait des Staatspräsidenten Senghor abgedruckt ist. Das Gesicht, schwarz-weiß, nach einer Photographie, ist von einem Doppelkreis umrahmt, zwischen dessen Linien eine kleine Schrift rundum läuft. Bei jedem Schritt des Mädchens verzieht der Dichter nachsichtig seine Miene, gelassen blickt er auf dem hübschen Hinterteil des Mädchens durch seine Brille. Über ein anderes, fülligeres Hinterteil zieht sich, schwarz auf dunkelrotem Stoff, eine Schrift: Indépendance 1960, man muß den Kopf etwas neigen, wenn man es lesen will; die Unabhängigkeit beginnt links unten und endet auf der rechten Hüfte. Ein zweites 1960 strafft sich bei jedem Schritt des Mädchens auf seiner linken Wade, wenn der linke Fuß gerade hinten ist und sich nach den Zehen hin abrollt. Eine weitere Unabhängigkeit steht quer über der Brust des Mädchens; es kann nicht lesen, weiß nicht, was die Zeichen bedeuten, sie sehen hübsch aus, das ist wichtig. Ein drittes Mädchen hat eine kopfgroße zitronengelbe Sonne mit gebogenen Züngelstrahlen auf der Brust, eine weitere in den Kniehöhlen, wunderbar leuchten diese Gestirne auf dem schwarzweiß gemusterten Stoff. Zwei Mädchen tragen ockergelbe pagnes mit einem schwarzen Muster von Kinderfußabdrücken, mindestens zwei Dutzend spreizzehige Füßchen verteilen sich auf Vorder- und Rückfront; man denkt sofort an ein Gewimmel von Kindern, ihre Fröhlichkeit, ihre nackten Füße, ihren Tanz. Die Füßchen der kleinsten, auf dem Rücken der Mütter getragenen Kinder fallen mir ein, die vorn auf den Hüften der Frauen herauslugen, die Söhlchen sind freilich nicht schwarz, sondern rosig. Wenn die Mütter sich bücken – sie tun es mit steifen Knien – dann bücken sie sich so sehr, daß den Kindern das Köpfchen vornüber auf den Rücken der Mutter plumpst. So hängt das Baby oft lange Zeit, ohne zu schreien, Kopf nach unten, Bauch und Wange am warmen Mutterrücken.

Der Himmel ist bewölkt, aber es regnet nicht. Das Grün des Waldes ist hell und explosiv, es könnte schneidend sein, ist es aber durchaus nicht, selbst die scharfen schmalen Palmblätter wirken zärtlich und weich. Die Frauen gehen schweigend, der Gänsemarsch erlaubt keine Unterhaltung. Sie stützen ihre Körbe nicht mit den Händen, ihre Arme hängen gerade herunter. Über ihren Gesichtern wippen die biegsamen Reishalme. Das eine Mädchen trägt zu ihrem ockergelben Füßchen-pagne eine blitzblaue Bluse, das zweite eine minzgrüne. Auf anderen pagnes tummeln sich Hühner Pfaue, Tauben und fremde, tannengrün oder schwefelgelb gefiederte Vögel, auch ein paar Antilopen und sogar mehrere Elefanten. Die bunten heiteren Stoffe leuchten durch den wolkenverhangenen Tag, eine feuerwerkartige Lustigkeit schleudert ihre Funken in den Busch, ohne Knattern freilich, ohne Zischen, ein lautloses Geblitze geht von den Stoffen aus. Kein Schritt hörbar auf dem weichen Gras. Wortloses Schreiten. Das Schreiten ist gemessen, es ist voll Takt, es könnte jederzeit in einen Tanz übergehen, der Tanz ist unsichtbar immer gegenwärtig, er ist versteckt im Gang, ach was, nein, der Gang ist selbst ein Tanz, ein langsamer. Tanz kann überall hervorstieben, aus den gemessensten Bewegungen, aus der größten Ruhe. Tanz ist die menschlichste Bewegungsart, sie ist nicht feindselig, sogar aus Kriegstänzen scheint die Feindseligkeit fortgeronnen. Tanz ist voll Zuneigung, Hingabe, Spannung, Tanz ist elektrisch. So ist auch der Busch, elektrisch, angespannt, aber regungslos, ein bewegungsloser Tanz: ein Unding, aber doch: spürbar: feine Geißelhiebe quer durch Hirn, Herz und Geschlecht, rhythmisches Aufpeitschen, aber lautlos und ohne Bewegung, das ist der Pulsschlag der Landschaft. Die hohen Bäume scheinen in jahrhundertelanger aufmerksamer Erwartung erstarrt, wie wird das gehen mit der Welt mit dem Menschen? Lautlose Anfeuerung.

In der Nacht in der dunklen Hütte schlingt eine Frau die Arme um den Hals ihres Mannes und schließt die Augen;

sogleich sieht sie nichts als nasse hellgrüne Reishalme, es ist der nächtliche Widerschein von eines langen Tages Arbeit im Busch.

Ich denke, erzähle ich, weil ich um Kuriosa gebeten werde . . . Europa ist doch kurios, nicht war? meint Philippe ... an eine kleine Provinzstadt in Österreich. Im letzten Viertel des achtzehnten Jahrhunderts nahm das Städtchen einen erstaunlichen Aufschwung, dem der Bürgermeister, zugleich Richter, Rechnung tragen wollte. Ein Theater muß her, das ist unsere Stadt sich schuldig! Außerdem ein neues Rathaus mit Bürgermeisterwohnung und eigenen Räumen für das Gericht! Bis jetzt mußte er seine Richtertätigkeit im Bürgermeisteramt ausüben, außerdem störten ihn die Gefängniszellen im Keller, so forderte er ein eigenes Gebäude für die Gefangenen. Nach langen Streitereien im Gemeinderat wurde der Bau des neuen Rathauses beschlossen, das Gefängnis allerdings als überflüssig verworfen – bei den fünf Leuten, die höchstens bei uns einsitzen! – Noch weniger konnte man sich für das Theater erwärmen: überflüssiger Luxus, wer ins Theater will, soll nach Wien fahren! Die Wienfahrerei war dem theaterbegeisterten Bürgermeister und seinem Freund, dem Architekten, lästig. Wien ist weit, und so überlisteten sie den Gemeinderat; sie bauten im Rathaus ein Theater ein und erklärten es zum großen Sitzungssaal, in dem auch Redouten stattfinden sollten, die Bühne war hübsch geräumig und den

Orchestergraben konnte man überdecken. Es gab eine schmale Galerie mit einer fürstlichen Mittelloge und zwei bescheideneren Seitenlogen. In der leicht gebogenen Rückwand des Zuschauerraums befanden sich ziemlich knapp unter dem Dach acht Guckfensterchen, es waren die Luftlöcher der acht Gefängniszellen. Der Bürgermeister hatte Mitleid mit den Gefangenen, die er selbst verurteilt hatte; wenn sie schon kein eigenes Haus bekommen, sollen sie wenigstens vom Theater etwas haben.

Nachdem das Gebäude, das in sich das Rathaus, das Theater, das Gericht und das Gefängnis nebst der geräumigen Bürgermeisterwohnung und der weniger geräumigen des Gefangenenwärters beherbergte, fertig war, bildete sich in der Stadt sofort eine Theatergruppe, die mit ihren Proben und Aufführungen Kurzweil in das eintönige Gefangenenleben brachte. Ein besonderes Ereignis war die Opernaufführung eines renommierten Gastensembles. Zu Häupten der enthousiasmierten Bürger versteckt verfolgten fünf Gefangene – drei Zellen waren leer, sie würden wohl erst bei einer späteren Stadtvergrößerung gebraucht werden – von ihren Gucklöchern aus das frevelhafte Treiben Don Giovannis. Unter den Häftlingen befand sich ausnahmsweise ein zum Tod Verurteilter. In der Opernpause drehte sich der Schlüssel in der dicken Zellentür, der Wärter lugte herein, hinter ihm kam der Bürgermeister, zugleich Richter. Der respektlose Gefangene sang ihm entgegen – sicher Don Giovannis Lieblingslied: – reich mir die Hand mein Leben, – unterbrach sich aber gleich und sagte, ach, mein Leben will mir die Hand nicht reichen, nur mein Tod … Dein Tod reicht dir nicht die Hand, sagte der Richter, du bist begnadigt … Es heißt, der Gefangene habe bis zum Ende der Oper in seiner Zelle getanzt und mitgesungen, was aber weder Sänger noch Zuschauer aus dem Konzept gebracht habe.

Die Musik Mozarts, sagte einer seiner Interpreten viel viel später, zweihundert Jahre später, aber man hätte es immer sagen können, ist mehr als Musik, sie ist eine Vision.

Sehr schön ist die Casamance in der Regenzeit. Wir sitzen in zitronengelben Liegestühlen in der Loggia des Bürgermeisterhauses. Vor dem Eingang und vor den Fenstern sehen wir den grauen Regen herunterrauschen. Unsere Regenmäntel hängen auf einer Schnur über unseren Köpfen. Es ist schwül, alles dampft, manchmal spritzt das Wasser wohltuend zum Eingang herein, eine laue weiche Dusche. Der Eingang ist keine Tür, sondern ein hohes rechteckiges Loch in der Mauer. Ich stelle mir vor, so war es im alten Griechenland, dem herrlichen. Odysseus tritt ein, ein Fremder, ein Gast. Xenos. Ein Fremder ist ein Gast. Erst wir viel Späteren haben zwei Wörter aus dem Xenos gemacht, der nur noch der Fremde ist und wir leiden an Xenophobie, Fremdenfurcht, wir könnten ebensogut sagen. Gastfurcht, wenn es nicht doch zu beschämend klänge: wir wollen im Unsrigen nicht geschmälert werden, nicht durch einen Fremden, nicht durch einen Gast. Mißtrauen muß freilich nicht sein, wenn es kein Eigentum gibt, wenn jeder nur die gleichen paar Sachen hat. In Bignona hat nicht mehr jeder die gleichen paar Sachen und darum gibt es im Inneren des Bürgermeisterhauses Türen. Von der Loggia geht rechts eine Tür in das Zimmer der Hausgehilfin und ihrer Kinder, sie sind Verwandte des Hausherrn. Die Mitteltür, gegenüber dem Loggia-Ausgang ins Freie, führt ins Wohnzimmer, wo wir soeben zu Mittag gegessen haben, wir waren wie gewöhnlich zu viert: der Bürgermeister, sein Vetter Barthelemy, mein Sohn und ich, die Frauen sitzen nie mit am Tisch, sie bringen nur die Speisen, Coteletts oder Fisch, grüne Bohnen, Pommes frites, Reis, Palmsoße, Orangen, Äpfel, zum Trinken Fruchtsaft, Wein und Bier. Barthelemy ist von der europäischen Küche nicht entzückt, wir nicht von der senegalesischen, so gibt es zwischen uns ein stillschweigendes Übereinkommen, er ißt mehr von der Palmsoße, von der wir nur höflichkeitshalber einen Löffel voll auf den Teller tun, wo-bei wir darauf achten, sie nicht mit den europäischen Speisen zu vermengen, von denen wir mehr essen. Dem Bürgermeister schmeckt alles. Das Eßzimmer ist nicht nur an Regentagen dunkel; wolkenloser Himmel vermag hier fast nichts und das ist gut, so zeigt das Thermometer an der Wand neben dem Eingang gleichbleibend fünfundzwanzig bis dreißig Grad, eine merkliche Abkühlung in der Nacht gibt es nicht. Außer dem Tisch und den Stühlen steht im Zimmer eine Kommode mit Schubladen, in denen Lebensmittel untergebracht sind, auf der Kommode haben die Petroleumlampe und eine zwanzig Zentimeter hohe Christusstatue – Christus segnend, nicht am Kreuz – ihren Platz. Meistens sind noch ein paar Sachen da, die man eben aus der Hand legt, eine Aktentasche, ein Buch, ein Notizblock, ein Photoapparat. Vor dem Essen wird in einer Zimmerecke auf den Lehmboden eine Schüssel mit Wasser gestellt, daneben eine Seifenschale. Man hockt sich davor und wäscht die durch die Hitze fast immer klebrigen Hände. Das Wasser ist nicht kalt und ernüchternd, es ist weich und lauwarm, es liebkost die Hände und tut ihnen wohl, man möchte mit dem Waschen nicht aufhören. An den dunklen welligen Lehmwänden des Zimmers hängen verblaßte Photographien und Heiligenbilder, Hitze und Feuchtigkeit lassen im Nu Kontraste verschwinden, Farben zurücktreten. Das Wohnzimmer hat drei Türen und ein Fenster, eine Tür geht auf die Loggia, die zweite in den Schlafraum des Bürgermeisterpaares und die dritte in den Vorraum. Hauseingangstür, Vorraumtür, Loggiatür und Loggiaausgang liegen in einer Linie, wenn alle Türen offen sind, kann man durch das ganze Haus schauen. Der Vorraum ist durch einen Schnurvorhang der Quere nach geteilt, das kleinere Abteil dient als Küche mit Propangasflasche und Rechaud, auch ein kleiner Holzkohlenofen steht da, den man, wenn es nicht regnet, zum Kochen ins Freie trägt, das größere Abteil dient den Kindern als Schlaf- und Eßraum, auch die Frauen essen da, auf dem Boden gelagert: mit hängenden Füßen an einem Tisch zu sitzen finden sie lächerlich. Für die Kinder ist Schlafengehen keine Zeremonie, wenn sie müde sind, legen sie sich nackt auf die Strohmatten, Decken brauchen sie nicht. Am Morgen erheben sie sich sofort nach dem Erwachen, mit einigen Schritten sind sie auf dem Hof, hier werden sie mit einem Wasserguß empfangen. Eine Frau hat schon mehrere Eimer Wasser bereitgestellt; die vergnügten Kinder wollen vom Übergießen nicht genug bekommen, aber das Wasserholen ist mühsam … du nicht mehr, du bist schon genug gewaschen … Im Hof gibt es im Schatten eines Baumes einen Ziehbrunnen, das Wasser befindet sich in etwa vier Meter Tiefe, es ist fast klar, man kann es sehr gut trinken. Neben dem Brunnen wird in Wannen nach dem Essen das Geschirr gewaschen, man braucht das Wasser nicht auf dem Herd heiß zu machen, wenn es nur ein bißchen in der Sonne steht, ist es warm genug. Auch die Wäsche wird hier gewaschen, damit man das Wasser nicht weit tragen muß; gestern war Waschtag, die Frauen in ihren fröhlichen bunten pagnes und weiten Trägerblusen bücken sich tief zu den gelben, lila und blauen Wannen hinab, sie schwenken und wringen minzgrüne, ockergelbe, zinnoberrote, blutrot und schwarz-weiß gemusterte Wäschestücke, dabei erzählen sie sich in ihrer urwald-schrillen Diolà-Sprache lustige Geschichten – sie lachen die ganze Zeit. Neben der blauen Wanne steht das Holzkohlenherdchen, die Glut ist entfacht, eine Frau legt das soeben von ihr gerupfte Huhn ins Feuer, es brutzelt und raucht, was für ein herrliches Huhn. ... Gibt es in Europa auch Hühner, fragt Barthelemy ... Aber sicher, Hühner gibt es glaube ich auf der ganzen Welt, wir braten sie leider nicht so gut wie ihr ... Gibt es bei euch auch Bäume? ... Ja, andere, viele, ich kenne nicht alle, Apfelbäume freilich kenne ich gut ... Was? Die Äpfel wachsen bei euch in Europa, das hätte ich nicht gedacht, das wundert mich wirklich, ich dachte, sie kommen aus Marokko oder wo, wie hängen sie an den Bäumen, einzeln, in Trauben, haben sie eine harte Schale, die man aufknacken muß? ... Barthelemy bittet uns, ihm die Blätter und Früchte aller europäischen Bäume genau zu beschreiben ... es wird euch schon einfallen, meint er, wenn ihr nachdenkt ... Ich erzähle von den Kirschenbäumen ... Gibt es Reis, unterbricht er mich ... In Südeuropa; bei uns nicht, wir haben Weizen und Korn ... Wie sieht das aus? ... Schön – wenn das Getreide reif ist und der Wind drüber streicht – wie ein goldenes Meer. ...

Stehen die Halme so dicht? Warum? ... Damit der Boden besser ausgenutzt wird ... Wie seltsam – und die Tiere? ... Wir haben zu Hause zwei Katzen, wir sind Katzennarren, mein Sohn und ich ... Barthelemy will nicht nur über Pflanzen und Tiere, sondern auch über Gebäude Bescheid wissen, er zeigt uns eine Ansichtskarte, die er von einem Franzosen bekommen hat; auf ihr ist das Rathaus einer kleinen südfranzösischen Stadt abgebildet, und Barthelemy glaubt nun, daß alle europäischen Häuser so aussehen ... Aber ganz und gar nicht. Die wenigsten haben derartige Türmchen – dieses Haus dürfte aus dem Anfang des vorigen Jahrhunderts stammen ... Barthelemy findet es unglaublich, daß man aus dem Stil eines Hauses auf sein Alter schließen kann: bei uns im Senegal ist das nicht möglich, bei uns schauen seit jeher alle Häuser gleich aus – bis auf die ganz neuen, schränkt er ein, aber die alten, wie unseres hier ... Wie alt ist es denn? Ich weiß nicht genau – uralt, mindestens zehn Jahre Uralt? Ein zehnjähriges nennen wir ein fast neues Haus ... Älter als zwanzig Jahre wird bei uns nie ein Haus, was denken Sie! Meistens fällt es schon nach sieben bis acht Jahren zusammen; da drüben, haben Sie gesehen? stehen ein paar zerbröckelte Mauern, dieses Haus ist schon während des Baues zusammengebrochen, das kommt öfters vor, bedenken Sie, wir bauen mit Erdziegeln, banco heißen sie. Man trifft beim Ziegelherstellen nicht immer die erforderliche Festigkeit; manchmal beginnen ungeduldige Leute schon mit dem Bau, wenn die banco noch nicht trocken genug sind. Mit dem Strohdach hat man auch oft Kummer, es muß alle zwei Jahre erneuert werden, mehr als zwei Regenzeiten hält es nicht aus; eine übersteht es glänzend, am Anfang sickert etwas

Wasser durch, wenn aber dann das Stroh ganz mit Feuchtigkeit vollgesogen ist, rinnt der stärkste Regen ab … ach, ich hätte gedacht, dann rinnt erst recht alles durch … Eben nicht – warum, ist mir freilich nicht klar, vielleicht weil zwischen den feuchtigkeitsgeschwellten Halmen kein Tropfen mehr durchkommt, vielleicht, wie der Bürgermeister behauptet, weil das Dach von unten Luft bekommt; Sie können sehen, daß es auf den Wänden nicht aufliegt, oben rings um die Mauern geht eine Art Fenster, nur von Pfosten unterbrochen, die das Dach stützen; dieses Rundumfenster, über welches das stark geneigte Dach schützend hinausragt, belüftet unser Haus ganz vorzüglich, innen haben wir es immer schön kühl. Außerdem gibt es auf dem First auf der dem Wetter abgewendeten Seite noch ein Luftloch: eine Dachseite ist höher hinaufgezogen als die andere und hängt etwas über diese, so kann es nicht hineinregnen … Praktisch, angenehm, schön … Ja. Aber die Termiten höhlen die Mauern derart aus, daß sie nach spätestens zwanzig Jahren zusammenfallen. Meistens baut man schon bevor es zu der Katastrophe kommt neben dem alten ein neues Haus, wir machen es selbst, es ist nicht allzu schwierig und verlangt nicht allzu viel Arbeit. … Verschütteter Traum, selbst ein Haus zu bauen; als Kinder haben wir aus alten Brettern und Decken Hütten errichtet, es waren Sommerhütten, wir mußten sie verlassen im Herbst, weil die Ferien zu Ende waren, im Winter fielen die Hütten zusammen. Jetzt wandelt uns die Lust an, ein Erdziegelhaus zu bauen, aber wir tun es nicht, wir bleiben ja nicht hier. So einfach, wie wir es uns vorstellen, dürfte es ja auch nicht sein, man wird eine Fertigkeit dazu brauchen, auch wenn man sich nicht mit Installationen, Lichtleitungen und Öfen herumplagen muß. Nicht einmal an einen Abfluß müssen wir denken, wenn wir uns aufs Wohnhaus beschränken wollen; zu einem solchen gehören freilich noch ein paar Nebenhütten, vor allem ein Aborthäuschen; der Bürgermeister hat seines im Garten versteckt, es hat drei Lehmziegelwände und eine Wellblechtür, der Boden ist aus Brettern und hat in der Mitte ein Loch. In der Nacht kriecht dort eine Unmenge fünf bis sieben Zentimeter langer roter Käfer herum, sie sind harmlos, sagt Barthelemy, aber wir fürchten uns trotzdem. Ihren afrikanischen Namen können wir uns leider nicht merken. Einige Diolà-Worte haben wir schon gelernt, wir kennen die Namen mehrerer Speisen und Gegenstände, wir können jemanden begrüßen und ihn fragen, wie es ihm geht, jeden Tag sagen wir Guten Morgen! Ist die Dusche frei? ... Aber meistens geht es uns mit den einheimischen Wörtern, wie es uns zuerst mit den Gesichtern gegangen ist: wir können sie nicht auseinanderhalten, sie kommen uns alle gleich vor. Der Waschraum, die Dusche, hat keinen einheimischen Namen. Ich liebe ihn ganz besonders; seine Wand besteht aus einer im Kreis aufgestellten, mit Ästen verstrebten Strohmatte; der Mattenkreis ist nicht ganz geschlossen, seine beiden Enden sind oben mit einem Stock verbunden, so wird ein Eingang gebildet, den man mit einem Handtuch zuhängt, wenn man sich wäscht. Dach gibt es keines, man schaut in die freundlichen Riesenblätter eines Baumes, wenn man, den Kopf hebend die Arme kreuzt, um die Bluse auszuziehen. Ich fühle mich, der verschwitzten Kleider ledig, die ich über den oberen Mattenrand hänge, sofort wohl. Der Baum verbreitet einen hellen weichen grünen Schatten, er redet er flüstert; ich bin seine Schwester; ich bin dasselbe wie er, ein Lebewesen, wir unterhalten uns miteinander, er versteht mich, ich verstehe ihn, ich stimme ihm zu, er flüstert, gleich wird das Wasser mitreden, auf der Erde steht ein großer blecherner Wasserzuber, das Wasser glänzt wie Silber, es lacht, es möchte am liebsten herausspringen; ich bücke mich nach der Schöpfkelle, es ist eine alte Konservendose, und übergieße mich mit Wasser, ich senke den Kopf und leere die Konservendose über meinem Nacken, ich hebe das Gesicht zum Baum schließe die Augen und lasse Wasser über sie fließen; auf einem Baumstumpf liegt ein Stück Seife, ich seife mich rundum ein, dann übergieße ich mich wieder. Ich möchte nicht damit aufhören, alles tut wohl, ist warm und weich, die Luft, das Wasser, der grüne Blätterschatten und selbst die Morgensonne, sie zerfließt wie heller Honig. In der Strohmatte steckt sogar eine Zahnbürste, für jeden, der sie benutzen will. Nein, ich werde nie wieder ein europäisches Badezimmer angenehm finden, auch wenn es schimmernd in zartem Muschelrosa oder bewegendem Meergrün gekachelt und mit Palmbäumchen und Spiegeln geschmückt oder abstrakt schwarz und weiß durchgestaltet ist und ich mir duftende Essenzen ins Badewasser mische - nein, es kann mir das Entzücken nicht vermitteln, das ich in der dachlosen Strohmattenbadehütte empfinde; hier ist das Wohlsein des Körpers wie ein Gedicht, über das ich, wäre ich ein Kind, weinen würde, weil es mir so gut gefällt, oder vielmehr, es ist wie die Erinnerung an ein solches Gedicht.

Trotz der Erfrischung durch das Wasser schwitze ich, sobald ich die Kleider wieder anhabe. Ja, der erste Schweißausbruch findet schon statt, wenn ich, noch nackt, den Arm hebe, um mich zu kämmen. Die Haare sind feucht, sie kleben, ein lockerer, bei Bewegung wehender Haarvorhang ist hier nicht zu erzielen, aber das stört mich nicht. Dem Schwitzen gegenüber ist Gegenwehr sinnlos, laß rinnen, es ist behaglicher, Schwitzen kühlt. Es gibt auch Zeiten, in denen man nicht oder kaum schwitzt; wie jetzt: wir sitzen in den zitronengelben Liegestühlen in der Loggia des Bürgermeisterhauses und trinken Kaffee. Wir haben soeben im Wohnzimmer das Mittagessen eingenommen und sind siestamüde. Draußen schießt der Regen grau und dicht herunter, manchmal spritzt er herein und benetzt unsere Füße, eine weiche, laue Dusche. Ein leichter Wind bewegt die über unseren Köpfen aufgehängten Regenmäntel.

Schön ist die Casamance in der Regenzeit. Manche Abende – in den Regenpausen – sind sehr klar und durchsichtig, der Himmel ist blaßblau und zärtlich wie die Ewigkeit. Es gibt einen abendländischen Überlieferungsstrang, der besagt: Gott ist das All; und einen anderen, den christlichen: Gott ist die Liebe. Nehmen wir an, beides stimmt, dann ist das All auch die Liebe. Denn wenn A gleich B und A gleich C, dann ist auch B gleich C. Gott ist das All, Gott ist die Liebe, das All ist die Liebe. Das Wort All bezeichnet zwar die ganze Welt, Himmel und Erde, es kommt mir aber nicht in den Sinn, wenn ich hinabschaue und zu meinen Füßen einen begrenzten Fleck Gras erblicke; es fällt mir nur ein, wenn ich meine Augen in die Höhe schweifen lasse, in den Sternenhimmel, oder in den Tageshimmel den wolkenlosen. Das All ist der Himmel, das All ist die Liebe, der Himmel ist die Liebe.

Es ist Abend, wir gehen auf die Jagd, der Himmel ist blaßblau. Schlanke, dunkelblaue, drosselgroße Vögel durchziehen die weiche feuchte Luft, so schöne Vögel, die wir so sehr bewundern, daß der Bürgermeister verspricht, einen zu schießen und ausstopfen zu lassen, damit wir ihn als Souvenir mitnehmen können. Welch ein Gedanke, mit einem solchen Vogel nach Hause zu kommen – er wäre sehr einsam bei uns. Meine Großväter und Urgroßväter haben Schmetterlinge gesammelt und in flachen Kisten mit Glasdeckel der Reihe nach aufgespießt; kleine Singvögelchen haben sie ausgestopft und im Wohnzimmer auf dürren knotigen Astgabeln plaziert; die Wände schmückten sie mit Auer- und Birkhähnen, wichtig war die Spannweite der Flügelpaare. Als Kind schaute ich das alles neugierig an, wenn es auch ein bißchen unheimlich war; ich starrte gebannt auf die Schmetterlinge, haben sie nicht, als ich ins Zimmer kam, nervös mit den Flügeln gezuckt? Auch die Singvögel verhielten sich sicher nur ruhig, solange ich hinschaute, wahrscheinlich kamen sie erst zusammen mit meinem Blick angeschwirrt; wendete ich ihn ab, flogen sie fort. Ich versuchte sie zu überraschen, schaute unvermutet schnell wieder hin, sie waren schon wieder da; ebensowenig gelang es mir, die Auerhähne zu überlisten; ich hörte sie mit den Flügeln rauschen, während ich die Singvögel fixierte, oder die Schmetterlinge, aber kaum wendete ich mich ihnen zu, erstarrten sie in Bewegungslosigkeit, selbst ihre Augen blinzelten nicht ein einziges mal, ich wartete so sehr darauf. Wenn der Großvater mich vor ihnen stehen sah, klirrte er sofort mit der Glastür des Bücherkastens und holte ein vogelkundliches Werk heraus; gemeinsam betrachteten wir, über den Tisch gebeugt, die naturgetreuen Abbildungen. Welch ein Gedanke, zwischen all dem bräunlichen euligen Gefieder unserer heimischen Vögel der dunkelblaue Fremdling, die vogelgewordene Sehnsucht.

Mittlerweile fahren wir im Bürgermeisterauto die Straße entlang, bis wir einen geeigneten Platz zur Rebhuhnjagd finden; wir steigen aus, es ist sehr still, die Luft ist elektrisch. Abendruhe. Nur Vögel stoßen von Zeit zu Zeit schrille Schreie aus. Ein Mensch, wenn er kommt, kommt leise. Es kommt einer, fast nackt, und schön, der Gott des Abends. Sein Gesicht ist vollkommen offen, ich glaube, es kann jede Freude, jede Schönheit, jede Gefahr, jede Trauer ohne Vorbehalt empfangen. Das Zeichen für einen Gott ist, daß er zwar wie ein Mensch aussehen und unter uns Menschen weilen kann, aber Eigenschaften hat, die wir allerhöchstens im Traum besitzen. Wir erreichen den schwarzen Gott nicht in seiner Vorbehaltlosigkeit. Sein Lächeln läßt das Herz des Europäers zucken, es macht Extraschläge, tut weh. Ich erwidere das Lächeln des Vorbeigehenden, unser Lächeln ist ein starkes Band, mit unserer Entfernung dehnt es sich, irgendwann wird es vermutlich reißen ... Ein Bauer oder ein Hirte, profaniert der Bürgermeister den Gott. Der trägt um das eine Handgelenk gebunden einen kopfgroßen schwefelgelben Stoffbeutel, in der ändern Hand ein zwei Meter langes Bambusrohr, das er in der Mitte gepackt hält, es federt bei jedem Schritt und bildet einen nach unten offenen flachen Bogen.

Wir biegen links von der Straße ab; kein Weg; wohin man blickt hohes Gras, dazwischen in weiten Abständen Riesenbäume, vereinzelt Gruppen von Palmen und, aus dem Boden springend wie gespreizte gigantische Hände, Fächerpalmenbabys. Wohin man blickt Leben; sorglos oder auf der Hut, ich weiß es nicht. Wir sind jetzt der Tod der in diesem Leben umgeht. Fünf Rebhühner stört der Bürgermeister auf und streckt die Aufflatternden nieder. Ein sechstes ist nur angeschossen und entflieht. Wir können es nicht mehr aufspüren, es ist schon zu dunkel. Die Jagd ist aus, die Beute wird im Kofferraum verstaut.

Diese Jagd ist aus, aber es gibt viele Jagden, nicht jedesmal treffen wir einen Gott. Wir besuchen mit dem Bürgermeister den Vetter Apotheker in seinem Dorf ... Gehen wir schnell ein paar Tauben schießen, fürs Abendessen ... Wir gehen vors Dorf, der Apotheker schießt in einen hohen Baum, sofort flattern einige Tauben heraus ... Der nächste Schuß kann schon eine treffen ... Der übernächste Schuß trifft wirklich eine, sie fällt uns vor die Füße, der Bürgermeister hebt sie auf, ihr Gefieder ist glatt – wie Schwefel mit einem bißchen dunklem Silber vermischt – und samtweich. ... Wir schießen noch ein paar, ihr zartes Fleisch ist das richtige für einen Sonntag ... Die Tauben haben sich im Nachbarbaum niedergelassen.

Die Frauen werden schnell fertig mit dem schönen Gefieder, im Nu haben sie, im Hof hockend, die Vögel gerupft, der Sand ist mit Schwefelsilberflocken bestreut, mit zwei Handgriffen sind die Täubchen ausgenommen und ins Holzkohlenfeuer gelegt, sie werden schnell und scharf gebraten. Zu den Tauben essen wir Reis und Salat und eine ungemein heftige Soße, die die Tränen in die Augen treibt. »Gema Tauben vergiften in' Park«, gema Tauben vergiften, Tauben vergiften, bei jedem Bissen wiederkäue ich den Liedanfang, warum bin ich traurig, Tauben vergiften ist etwas anderes. Ich weine, weil die Soße scharf ist und nicht, weil ich an die Schwefelsilbertäubchen denke, wie sie zur Erde taumelten, wie sie im hohen Gras verzuckten. Und doch. Diese Tränen haben etwas damit zu tun, daß der Mensch sein Leben gesteigert fühlt beim Tod der Kreatur, den er selbst verursacht hat. Die ersten Menschen waren Jäger, heißt es, sie waren auch Opferer, haben sogar Menschenopfer gebracht. Sollten diese eine Sühne sein, weil die Menschen, um ihr eigenes Leben zu erhalten, fremdes vernichteten? Wir Heutigen sind nur Tiertöter, essen müssen wir ja; der Sühnegedanke ist uns fremd, obzwar wir Menschenopfer genug bringen oder in Kauf nehmen um unserer Sicherheit willen. Nun ja, so lang's die ändern trifft, die paar Millionen – Es gibt ernsthafte Leute, die sich weigern, Fleisch zu sich zu nehmen, sie haben das Paradies vor Augen, wo das Schaf neben dem Wolf und das Täubchen neben dem Menschen und der Mensch neben dem Löwen in Frieden leben. Aber das Paradies ist nur eine freundliche Erinnerung an die frühe Kindheit: es gab einmal eine Zeit ohne Angst.

Geht man in Europa, fragt der Vetter Apotheker und nimmt sich von der scharfen Soße, noch auf die Jagd und worauf? ... Es gibt sogar mehr Jäger als Wild; auf fünfzig Hasen kommen einundfünfzig Jäger, aber nur weil Hasen billig sind, edleres Wild ist teuer. Man geht nicht auf die Jagd, weil man etwas zu essen braucht; Jagd ist ein Sport für reiche Leute, die von der Natur sehr weit weg sind, dies aber als Mangel empfinden. Sie fühlen dumpf, daß das unbegreifliche Leben irgendwo zu treffen sein muß; sie treffen es, indem sie töten, aber begreiflicher wird es ihnen nicht, auch nicht der Tod ... Solche überflüssigen Gedanken machen wir uns nicht lacht der Apotheker und träumerisch fährt er fort: wir haben es schön, hoffentlich noch lange, das Großwild ist uns zwar davon – es gibt keine Elefanten, fast keine Antilopen mehr, alle sind ins Innere des Kontinents geflüchtet – aber Kleinwild dürfen wir jagen, soviel wir wollen, jeder kann, wenn er Lust hat, seinen Bedarf selbst dekken, zumindest auf dem Land. So gefällt es mir, ich möchte es nicht anders haben. Jetzt sollte, ginge es nach mir, die Zeit still stehen; wir sagen oft, die Zeit ist ein sich drehendes Rad, ich möchte in seine Speichen greifen. Soviel an Kultur, wie wir bis jetzt erreicht haben, genügt mir vollauf. Bei uns kommt noch der ganze Mensch auf seine Rechnung, nicht bloß ein jämmerlicher Teil von ihm. Er hat die Möglichkeit, ein wilder Jäger oder ein wilder Ackerbauer zu sein, ohne jedes Reglement; er darf sich ein Stück Urwald, das niemandem gehört, roden und es bebauen. Bald wird das nicht mehr möglich sein, der Staat will parzellieren, jedes Fleckchen Land wird einen Besitzer haben, dem man es abkaufen muß, wenn man es haben will. Noch haben wir Jagd- und Rodefreiheit, aber es ist eine Freiheit, die wir Stück um Stück verlieren ... Die Zeit anhalten will jeder, der gerade glücklich ist. ... Wir haben aber auch die Freiheit, in die Schule zu gehen und unseren Geist zu nützen, wie ich es getan habe; und ich möchte, daß es so bleibt: jeder darf tun, was er gern tut. ... Ja, das ist schön und es geht auch gut, solange jeder sein Auskommen hat ... Den Europäern ist immer das Auskommen das Wichtigste, nie verlieren Sie die Angst vor der Armut und dem Verhungern. Warum? Weil jeder dort so teuflisch allein ist; bei uns fängt die Familie alle auf, die gerade ein bißchen Pech haben. Ein Esser mehr oder weniger spielt in den großen Familien keine Rolle ... Noch! Greifen Sie nur schnell ins Zeitrad ... Ich denke an den Vetter Feuerwehrhauptmann und wie er unter der Last der Familie stöhnt. Er wohnt in Dakar, er kann nicht auf die Jagd gehen, wann es ihm paßt, er muß das Leben der Familie von seinem Salaire bezahlen; sie ist in ihrer Nahrung auf Reis und Fisch beschränkt, weil diese Lebensmittel die billigsten sind. Für einen Leckerbissen am Sonntag ist er darauf angewiesen, daß ihm seine Verwandten vom Land Geflügel mitbringen, zum Dank für Gefälligkeiten, die er ihnen erwiesen hat. Der Apotheker ist in glücklicher Stimmung, wahrscheinlich weiß er alles, was ich vorbringen könnte, besser als ich, aber er will nicht daran denken, Dakar ist weit.... Wir möchten so gern, sagt er jetzt, die Fehler der Europäer vermeiden ... Es scheint eine weit verbreitete Zuversicht zu sein, daß man die Fehler der Europäer vermeiden können wird ...Das ist nicht so schwierig, wie die Europäer uns weismachen wollen, schließlich haben sie uns alles vorexerziert, Staatsverfassungen und Religionen, Evolutionen und Revolutionen, blutige und unblutige und zuletzt die industrielle – Jetzt reden sie schon von der postindustriellen – und die Kultur und die Art zu leben; all das, will sagen, ihre Geschichte, brauchen wir nur anzuschauen und zu studieren und schon entdecken wir mit Leichtigkeit, was sie falsch gemacht haben, denn wir haben ja zugleich die Folgen ihres Handelns vor uns ... Was war nach Ihrer Meinung besonders falsch an dem was die Europäer taten? ... Vieles war ja richtig sonst würden wir Afrikaner nicht danach streben wollen; falsch war der Religionsfanatismus, er hat sehr viel Blut gekostet, einen solchen Fanatismus werden wir auf keinen Fall sich entwickeln lassen, wir sind von vornherein für religiöse Duldung. Und grundfalsch war natürlich der Kolonialismus, wir waren ja nur gejagtes Wild für Sie ... Der Apotheker schaut uns lächelnd in die Augen, es ist ja klar, daß er für uns zwei weiße Besucher kein gejagtes Wild ist ... Und grundfalsch war und ist, daß die Weißen die Farbigen als Menschen zweiter Klasse ansahen und zum Teil noch ansehen. In den umgekehrten Fehler werden wir Schwarzen nie verfallen ... Wer weiß, denke ich, wer kann das wissen, ich sage nichts, ich lächle, der Apotheker lächelt ebenfalls. Ich nehme an, er weiß, was ich denke, nämlich, ihr werdet andere Fehler machen, dazu vielleicht dieselben, denn es gibt Fehler, die aus dem Menschengeschlecht nicht auszumerzen sind. Und ich nehme an, er räumt ein, daß die Schwarzen Fehler machen und machen werden, andere, und dazu vielleicht die gleichen wie wir, weil Fehlermachen menschlich ist. Unser Abendessen zieht sich in die Länge, zum Dessert bekommen wir frisch in Öl herausgebackene Teigkugeln, die auf der Zunge zergehen, dazu trinken wir Palmwein. ... Daß wir nicht in dieselben Fehler verfallen wollen wie die Europäer, sagt der Apotheker mit seinem allerliebenswürdigsten Lächeln, ist aller Achtung wert, nicht wahr? Aber, haben Sie gehört? Es gibt in Afrika und auch unter den amerikanischen Schwarzen religiöse Strömungen – fanatisch wäre ein zu starker Ausdruck dafür, schwärmerisch ein zu schwacher – deren Verfechter die christlichen Mythen schwarz einfärben. Adam sei schwarz gewesen, behaupten sie, und: Am Anfang waren alle Menschen schwarz, Gott hat sie so geschaffen, aber er hat einen Teil von ihnen zur Strafe für ihre Sünden ausgebleicht. Ihre weiße Farbe gefällt ihnen selbst so wenig, daß sie sich der ärgsten Sonnenbestrahlung aussetzen, um wenigstens braun zu werden. Und doch behaupten viele von den bleichen Nachfahren der Sünder, daß Weiß eine rühmlichere Farbe sei als Schwarz und in ihrem Trotz und ihrer Verblendung überliefern sie sogar, Christus sei weiß gewesen, was offensichtlich ein Irrtum, wenn nicht bewußte Lüge ist. Christus kann nicht weiß gewesen sein. Gott, der die sündigen Schwarzen mit Bleichheit bestraft hat, wird doch nicht den sündenlosesten aller Menschen mit einer so beschämenden Farbe in die Welt geschickt haben. Außerdem widerspricht Christus in allen seinen Anschauungen dem Wesen eines Weißen. ... Brechen wir auf? drängt der Bürgermeister, es wird schon dunkel. ... Schwarze Nacht, schwarze Nacht, singt der aufgeräumte Apotheker, es gibt keine weiße Nacht – schade, daß wir keine Schlange geschossen haben, sonst hätten wir Ihnen eine afrikanische Spezialität serviert, Schlangenfleisch ... Die Tauben waren bestimmt besser ... Sagen Sie das nicht; nichts ist besser als Schlangenfleisch ... Ich muß es einmal kosten ... Nächstes mal, ruft er ins Brummen des Motors, der Bürgermeister sitzt schon im Auto, ich steige ein. Seid klug wie die Schlangen und sanft wie die Tauben – geht in den, der sich Tauben und Schlangen einverleibt, etwas von ihnen über? Wir fahren in die weiche Nacht, sind müde und reden nicht. Meine Zunge versucht, sich den Geschmack von Schlangenfleisch vorzustellen. Wahrscheinlich ist das Abendessen beim Apotheker so harmonisch verlaufen, weil uns die Täubchen sichtlich gemundet haben, beim Schlangenschmaus hätte es womöglich einen Mißklang gegeben, man kann es nicht ganz verbergen, wenn einem etwas nicht schmeckt. Trotzdem bedaure ich jetzt, von einer so fremden und erregenden Speise nichts gegessen zu haben. Die Schlange ist es, die uns aus dem Paradies vertrieben hat, Gott hat nur die Konsequenzen gezogen, die Schlange hat uns ins Unbekannte und Furchtbare gestoßen, sie hat uns in das wilde Erlebnis Arbeit gestürzt. Wie kann sie schmecken? Nach Vorwurf, weil wir das Paradiesmärchen geglaubt und die Schlange jahrhundertelang verleumdet haben? Nach Wehmut, weil seit Anbeginn zwischen Schlange und Menschen dies leidvolle Zerwürfnis herrscht? Oder nach Schnecken? Die Schlange hat uns die Erkenntnis vermittelt und Erkenntnis kriecht durch unser ganzes Leben hindurch – vom ersten Atemzug bis zum letzten erkennen wir, nur wenn wir gegen Ende unseres Lebens umnachtet sind, stiehlt sich die Erkenntnis vermutlich vor unserem Tod schon fort. Seid klug wie die Schlangen. Ich weiß nicht, ob wir im Auto alle an Schlangen denken und ob Schlangen es spüren, wenn Menschen an sie denken. Neben dem Chauffeur sitzt ein fremder Mann, der ums Mitnehmen gebeten hat, plötzlich sagt er, Achtung, quer über dem Weg liegt ein dicker Stock ... Der Chauffeur bremst: Kein Stock, eine Schlange ... Der neben mir schlafende Bürgermeister wird munter: halt halt halt ... Mittlerweile sind wir der Schlange ausgewichen und einige Meter weiter zum Stehen gekommen, auf irgend eine Weise hat der Bürgermeister in der Enge des Autos – wir sind zu dritt im Fond – sein Gewehr in die Hand bekommen, er schießt aus dem Fenster. Die Schlange ist getroffen, aber nicht tot, sie schlängelt sich rasch davon. Wir steigen aus und suchen sie mit Taschenlampen und finden sie bald, sie liegt zusammen geringelt im Gras, der Bürgermeister berührt sie vorsichtig mit dem Gewehrlauf, das kann sie nicht vertragen, sie bäumt sich auf, der Bürgermeister schießt ihr aus nächster Nähe in den Kopf. Wir haben die züngelnde Schlange mit intensiver angstvoller Neugier angestarrt, die tote löst den Bann ... Ein Triangelkephalos, erklärt der Bürgermeister, sehen Sie den dreieckigen Kopf? Wir können sie nicht essen, sie ist entsetzlich giftig. Auf Menschen geht sie nicht los, die schützen sich, indem sie mit einem Stock fest aufstampfen, vor der Erschütterung hat der Triangelkephalos Angst. Er geht vor allem die – weit im Busch verstreut weidenden – Kühe an, wenn diese sich ruhig verhalten, also meistens nachts. Manchmal sucht ein Hirte tagelang eine Kuh, immer in der Hoffnung, daß sie sich nur verirrt hat und dann findet er sie verendet im dichten Unterholz, in das sie sich zum Sterben verkrochen hat. Kann auch sein, er findet sie nicht. Irgend jemand stößt vielleicht, nach Jahren, zufällig auf ein Rinderskelett. ... Am nächsten Tag zieht Barthelemy der Schlange die Haut ab und spannt sie zum Trocknen außen an die Hauswand; das ganze Dorf läuft zusammen, um sie zu sehen, der Bürgermeister hat einige Kühe gerettet und einige Hirten vor der Verzweiflung bewahrt ...

Wir verehren Hitler, sagt der Dorfälteste, er hat uns die Freiheit gebracht ... Er? ... Ja, denn sehen Sie, er hat die ganze Welt durcheinandergerüttelt; durch den Krieg, den er angezettelt hat, sind viele Schwarze nach Europa gekommen und haben das Leben dort kennen gelernt; wenn sie heimgekehrt und nicht lieber in Europa geblieben sind, haben sie bei uns den Willen zum Nachholen und zur Freiheit verbreitet ... Das ist kein Grund, Hitler zu verehren ... Sein Krieg hat uns die Freiheit gebracht ... Welch ein Preis! ... Welch ein Preis? Wo ist da irgend ein Preis? Oder vielmehr, ist für die Freiheit nicht kein Preis zu hoch? ... Wenn Sie den Preis aber selber gar nicht gezahlt haben, wenn die Freiheit ein Zufallsprodukt ist, wenn sie aus unserem Verderben für Sie gleichsam abgefallen ist, so nebenbei? ... Tant mieux pour nous. Der Dorfälteste lacht, seine Augen blitzen belustigt: Für die Freiheit auch noch zahlen? Wir? Haben wir sie verkauft, daß wir sie zurückkaufen mußten? Man hat sie uns geraubt. Freiheit sollte niemandem vorenthalten werden ... Aber gerade das hat Hitler getan: Freiheit vorenthalten ... Uns nicht ... Er hat das Leben von Millionen Menschen auf dem Gewissen ... Mag sein. Krieg ist Krieg. Aber Hitler war der einzige, der in letzter Zeit die Welt bewegt hat ... Stimmt das? ... Es stimmt

... Und ist nicht die Richtung einer Bewegung wichtig? Die Richtung war zum Bösen ... Die Richtung war zum Guten, für uns ... Die Richtung war zum Bösen, sage ich. ... Die Richtung war zum Guten, sagt der Dorfälteste. ... Wenn aus dem Bösen, das Hitler getan hat, für euch etwas Gutes entstanden ist, habt ihr es selbst bewirkt, nicht er ... Aber er ist die Ursache davon ... Sie dürften ihn vielleicht verehren, wenn er gesagt hätte, nun wollen wir den lieben Afrikanern einmal die Freiheit verschaffen. Hat er das gesagt? Nein. Wollen Sie wissen, was er gesagt hat? Die Neger sind keine Menschen, sie sind Tiere, oder nur wenig besser, sie sind sprechende Affen, die Vorsehung, hat er gesagt, hat die Weißen und unter diesen besonders dic Deutschen, dazu bestimmt, über diese Affen zu herrschen. Er wollte die ehemaligen deutschen Kolonien zurückhaben und andere dazu erobern. Von Ihrer Freiheit wollte er nichts, aber schon gar nichts wissen. Freiheit hatte er zwar im Sinn, aber nicht eure, nicht einmal die der Europäer, sie gehören unterdrückt, sagte er, denn sie haben verwerfliche Eigenschaften, nur die Deutschen besitzen Kultur, und sogar bei denen machte er Unterschiede ... Der Dorfälteste kann es nicht glauben: Jetzt wird er verleumdet, weil die Sache schlecht ausgegangen ist, die Sache mit der deutschen Freiheit ... Diese Sache konnte nicht gut ausgehen ... Warum nicht? Wenn nicht überall Verrat gewesen wäre, sogar unter den Deutschen ... Wer hat Ihnen denn das erzählt? ... Wir haben schon mit mehreren Deutschen gesprochen ... Und Sie haben ihnen geglaubt? ... Warum nicht? Sie mußten es doch am besten wissen. Daß die Franzosen die Dinge anders darstellen, ist klar. ... Worin bestand der Verrat, haben Ihnen das die Deutschen auch erzählt? ... Das weiß ich nicht mehr, darüber habe ich nicht weiter nachgedacht, das Wort Verrat ist so überzeugend und bestürzend ... Ja ja, ein tragisches Wort, immer gut zur Rechtfertigung eigenen Versagens - Verrat hats nämlich nicht gegeben, nur richtige Erkenntnis ... Richtige Erkenntnis, worüber? ... Daß die Freiheit bei Hitler in den falschen Händen war. Man verwirklicht nicht Freiheit, indem man andere unterdrückt, damit verwirklicht man Unfreiheit; die Unterdrückten lassen sich die Unterdrückung nicht auf die Dauer gefallen; mit der Unterdrückung haben die Unterdrücker ihre zukünftige Unfreiheit schon besiegelt, und sie wissen es, sie haben Angst vor den Unterdrückten ... Freiheit, meinen Sie also, sagt der Dorfälteste, gibt es nicht, aber es gibt das Wort Freiheit und es ist unsinnig, ein Wort für etwas zu haben, das es nicht gibt... Freiheit ist ein Wunsch ... Stimmt nicht. Wir haben sie ja. ... Ich lache und der Dorfälteste fährt fort: Hitler mag ein schlechter Mensch gewesen sein, aber er war tapfer, er hat in Berlin bis zum letzten Mann gekämpft ... Er? Aus wievielen Männern bestand er wohl? Doch nur aus sich selbst, er war also zugleich der erste und letzte Mann, bis zu dem er hätte kämpfen können, die anderen hat er geopfert ... Tapferkeit vor dem Feind, ist das nichts? ... Doch: Dummheit, wenn man selber tapfer ist, weils einem wer befohlen hat - oder Verbrechen: seid nur schön tapfer, der Lohn des Vaterlands ist euch gewiß: so ein Soldatengrab ist der herrlichste Ort auf der Welt ... Die Deutschen, mit denen wir gesprochen haben, waren stolz darauf, Helden gewesen zu sein ... Heldentum ist démodé ... Finden Sie es nicht richtig, daß ein Volk um seine Freiheit kämpft? ... Nun ja – Gandhi ... Der Dorfälteste schüttelt traurig den Kopf: Was sollen wir davon halten? Solange haben uns die Europäer vorgemacht und erklärt, was Heldentum und Freiheit sind und nun stoßen sie alles um und nennen dasselbe Dummheit und Verbrechen, sie werden uns so lange bearbeiten, bis wir es endlich glauben und dann wird ihnen wieder was Neues einfallen. Immer wollen sie uns belehren, aber Achtung: wenn sie erklären: was wir früher gesagt haben, war falsch, was wir jetzt sagen, ist richtig, könnten wir einen fatalen Schluß ziehen: wer weiß, ob sie nicht ihre jetzigen Ansichten eines Tages auch als falsch abtun werden ... Der Mensch schreitet vor, was will man machen ... Ja, leider, jammert der Dorfälteste, und so entsetzlich unentwegt! Könnte er nicht einmal anhalten, um Atem zu holen, um ein bißchen zur Besinnung zu kommen? Will sich die Menschheit nicht einmal etwas ausruhen, ein winziges Jahrhundert lang wenigstens ... Es gibt ja Stillstand, für manche Völker, sogar jahrhundertelang, aber es heißt immer, Stillstand ist Rückschritt ... Rückschritt? Nicht möglich, die Menschheit kann doch nicht in ihre eigene Geschichte zurückstolpem, mir gelingt es ja auch nicht, jünger zu werden ... Sie werden nicht jünger, aber Sie könnten sich plötzlich wie ein Baby benehmen ... Und? Ist das ein Unglück? ... Ich weiß nicht, warum ich mit allen Leuten ins Philosophieren gerate, das muß eine besondere Schwäche von mir sein ... Aber gar nicht; alle Menschen denken nach, freilich kommen sie nicht zu den selben Ergebnissen ... Daß es möglich ist, von einer Sache widersprüchliche Ansichten zu haben, beweist, daß wir von dieser Sache im Grunde nichts verstehen ... Und da es uns mit allen Sachen so geht, ist klar, daß wir überhaupt nichts verstehen … Wir lachen beide. Es kann auch Einverständnis herauskommen bei der Denkerei, bemerke ich … Selten, meint der Dorfälteste, gleich werden unsere Gedanken wieder auseinanderdriften. Was, glauben Sie, wünschen sich die Menschen am meisten? … Liebe, Glück … Liebe wünsche ich mir nicht, die habe ich … Wenn Sie sie nicht hätten, würden Sie sie sich wünschen; behaupte ich kühn. … Weiß ich nicht. Die Menschen wünschen am meisten – er macht eine längere Pause – ein ewiges Leben … Oh, sage ich überrascht, das ist in der Tat ein friedfertiger Wunsch, des einen Leben kann nicht ewiger sein als das des anderen, Konflikte sind ausgeschlossen … Nun, der Liebeswunsch ist wohl auch friedfertig … Der Wunsch nach Glück schon weniger: des einen Glück, des ändern Leid. Manch einer ist durchaus bereit, seinem Glück auf die Sprünge zu helfen und denjenigen lahmzulegen, der ihm im Wege steht … Wenn der sich lahmlegen läßt … Ja. Schon gibt es Krieg. Glück hat der Stärkere, Listigere, Bösere, aber ist es dann noch Glück oder nicht schon eine Schande … Eine Schande! ruft der Dorfälteste entrüstet, ein Ruhm! Nicht Stärke ist eine Schande, sondern Schwäche … Ach, was wie Stärke aussieht, ist oft versteckte Schwäche … Nur keine Spitzfindigkeiten. Hitler ist für uns eine Erscheinung der Stärke – im Grunde ist es uns gleichgültig, ob wir ihm oder den von ihm ausgelösten Ereignissen unsere Freiheit verdanken – eine Erscheinung der Stärke zwingt zur Anerkennung … Mich nicht… Machen Sie sich nichts vor … Woher haben Sie eigentlich Ihre Meinung über Hitler bezogen? … Ach, die Leute reden halt so … Alle? Nein, nur das Militär, Sie müssen wissen, meine Neffen sind fast alle Berufssoldaten und die meisten von ihnen waren in Europa ... Wie konnten sie in Frankreich mit der Bewunderung für Hitler angesteckt werden? ... Sie wurden nicht angesteckt, sie dachten, wenn jemand die grande nation besiegen kann, muß er ein besonderer Held sein ... Mein Gott! – Ich sehe, daß der Dorfälteste ein Romantiker ist und daß es ihm die kriegerische Romantik angetan hat, ich schüttle den Kopf. ... Ärgern Sie sich nicht über mein Gerede, beschwichtigt er mich, es hat nichts zu bedeuten. Hitler ist für uns bloß eine ferne Märchenfigur, die wilden deutschen Horden, die Europa überschwemmt haben, könnten aus der Tiefe der Geschichte entsprungen sein, aus einem unvorstellbaren Land, aus einer unvorstellbaren Zeit. Solche Kriegszüge werden im Rausch unternommen, die Massen hat man vorher mit Drogen gefüttert, vielleicht mit der Droge Beute, oder Weltmacht, oder Rache, was weiß ich. Im Rausch traut man sich mehr zu als man kann, die Ernüchterung bringt den Untergang. Hitler und seine Kriegszüge? Ein fernes Märchen ... Nicht fern für uns, auch kein Märchen ... aus einer fernen Zeit, aus einem fernen Land ... Keine ferne Zeit für uns, kein fernes Land ... Ich war noch nie in Europa, ich denke, es sieht dort ähnlich aus wie in Dakar, nur daß die Menschen nicht auf den Straßen herumstehen wie wir, sondern sich wegen der Kälte rasch bewegen und schleunigst in ihren hochgetürmten Wohnhöhlen verschwinden. Ich möchte nicht in Europa leben, wie viele von uns das so brennend wünschen, ich würde es als Flucht vor unseren Problemen empfinden. Unsere Probleme haben unmittelbar mit der Ernährung zu tun, kriegerisches Heldentum ist zu ihrer Lösung äußerst ungeeignet und Hitler hat damit gar nichts zu tun, aber was wollen Sie, wir sind empfänglich für seine Geschichten und spinnen sie weiter, er hat uns die Freiheit gebracht. … Ich verstehe Sie nicht, ich kann Sie nicht verstehen, … Der Dorfälteste lacht gutmütig: Macht nichts, auch ich verstehe Sie nicht. Es ist kein Unglück …

Der Mensch will seiner Natur gemäß immer die nächsten und dringlichsten Probleme lösen. Er denkt zuerst an seine Bedürfnisse, erst danach an seine Freuden. Er beschäftigt sich mit Ackerbau, Medizin, Krieg, praktischer Politik und danach mit Dichtung und Kunst, bevor er an Philosophie denkt. Und wenn er sich auf sich selbst besinnt und zu reflektieren anfängt, schreibt er seinem Urteil Regeln vor, das ist die Logik; seiner Rede, das ist die Grammatik; seinen Wünschen, das ist die Moral. Er glaubt sich dann auf dem »Gipfel der Theorie«, aber er bemerkt, daß alle diese Operationen »eine gemeinsame Quelle« haben und daß »dieses einzige Zentrum aller Wahrheiten die Kenntnis seiner intellektuellen Fähigkeiten« ist.

Destutt de Tracy, Eléments d'Idéologie, préface, tome I, p. 2 (Paris, 1801-1805, 5 Bde). Zit. aus Michel Foucault, Les mots et les choses, p. 99.

Also, kurz: »Pour penser, il faut manger«.

Ich glaube, sagt der Minister für Erziehung, daß das schwarze Afrika wegen der mörderischen klimatischen Bedingungen dieses Erdteils seine ganze Erfindungsgabe und Energie dazu gebraucht hat, das nackte Leben zu sichern und die elementarsten Bedürfnisse zu befriedigen; für Extravaganzen wie die Entwicklung einer Schrift reichten weder Zeit noch Kraft. Ich habe das eine Zeitlang bedauert, sehe aber jetzt die afrikanische Chance: vielleicht werden die Afrikaner eine bessere Möglichkeit schriftlicher Verständigung finden als die vorhandenen Schriften sie bieten; diese Schriften sind nicht geeignet, die babylonische Sprachverwirrung zu mildern. Dazu wäre einzig eine Bilderschrift imstande. Die Buchstabenschrift ist eine Verirrung, die nur zu genau den separatistischen Geist der weißen Völker widerspiegelt. Leider haben wir schon den Fehler begangen, diese Schrift zu übernehmen, allerdings hatten wir wohl keine andere Möglichkeit, wenn wir den Zivilisationsprozeß in Gang bringen wollten. Zugleich mit der Schrift ist die französische Sprache bei uns eingedrungen, von ihr werden wir uns eines Tages befreien, das ist klar, wir werden den am häufigsten bei uns gesprochenen einheimischen Dialekt zur Staatssprache erheben; wenn wir ihn in der Buchstabenschrift ausdrücken, werden, fürchte ich, unsere übrigen Dialekte verstümmelt oder ganz zugrunde gehen. Auch wird durch die Übertragung in die Buchstabenschrift die Phonetik unserer Sprache verfälscht. Dem könnten wir auf zweierlei Art entgegenwirken: Keine Staatssprache, sondern lauter gleichberechtigte Dialekte und für jeden eine eigene phonetische Schrift. Diese Regelung würde den Zusammenhalt des Staates nicht fördern. Die bessere Lösung ist die Bilderschrift. Und wenn wir eine afrikanische Föderation anstreben, deren Mitglieder sich schriftlich leicht verständigen können, müssen sich die Sprachwissenschaftler aller afrikanischen Länder zusammensetzen und eine für den ganzen Erdteil gültige Bilderschrift erfinden. Ich denke, daß unsere Bilderschrift sich schließlich über den ganzen Globus ausbreiten wird, leicht kann dann ein Senegalese einem Japaner einen Brief schreiben, ein Franzose einem Inder, ein Deutscher einem Südamerikaner, ohne daß sie eine fremde Sprache kennen müssen. Dies ist dann nur noch für mündlichen Umgang nötig. ... Wenn wir Europäer uns nicht bis dahin samt unserem Erdteil vernichtet haben werden, werden wir uns die Bilderschrift bestimmt aneignen, die Vorteile liegen ja auf der Hand; allerdings wird man einen langwierigen Umlernprozeß in Kauf nehmen müssen ... Der Minister lacht; wir sitzen beim Mittagessen in einem Fremdenverkehrshotel an einem See in der Nähe von Dakar; der Minister ist der einzige Afrikaner unter lauter Europäern. ... Es wird eine Kommission eingesetzt werden müssen, fahre ich fort, die in wahrscheinlich jahrzehntelanger Arbeit die einzelnen Bilder festlegt, so daß sie internationale Gültigkeit besitzen. Beim Tisch, beim Teller und bei der Gabel wird es ja noch einfach sein, doch schon beim Begriff

Essen werden die Schwierigkeiten anfangen, ganz zu schweigen von komplizierteren Tätigkeiten wie denken, lügen, überzeugen, schwarz sehe ich auch für abstrakte Begriffe; die härteste Nuß dürfte die Grammatik sein: bildlich darstellbar, in jede Sprache zu inkorporieren ... Die Strukturalisten werden sich mit Feuereifer auf diese Aufgabe stürzen ... Wenn die Bildersprache obligat sein wird, werden es die Literarhistoriker noch schwerer haben als jetzt schon. ... Wieso denn? fragt der Minister, Computer könnten die gesamte Weltliteratur binnen kürzestem in Bildersprache umschreiben. Niemand muß dann mehr die obsolete Buchstabenschrift und alle möglichen Sprachen samt ihren veralteten Formen lernen, wenn er Petrarca oder Shakespeare oder Kant oder Destutt de Tracy oder meinetwegen Rabelais lesen will ... Rabelais wird schwierig sein, bedenken Sie all die Verballhornungen aus dem Lateinischen, die Worterfindungen ... Die Computer bewältigen das schon ... Und die Namen? frage ich ... Namen werden abgeschafft, Nummern genügen, zumindestens für den schriftlichen Verkehr. Ziffern sind auf der ganzen Welt gleich, sie sind schon jetzt eine Art Bilderschrift; internationale Mathematikerkongresse brauchen keine Übersetzungsfehler zu fürchten ... Ich werde der schönen Buchstabenschrift trotzdem nachweinen, sage ich. ... Selbstverständlich. Umso mehr, als es in Europa jetzt Mode ist, Vergangenes zu verklären ... Wir tun so, als sei die Bilderschrift schon da ... O, sie kommt! In Zukunft werden die Afrikaner an der Reihe sein, Innovationen zu machen ...

Für einen imaginären Geologen, der viel viel später kommen würde, um unseren versteinerten Globus zu inspizieren, würde sich die erstaunlichste Revolution, die die Erde erfuhr, unzweideutig an den Anfang dessen einordnen lassen, was man sehr zu Recht das »Psychozoikum« genannt hat. Im selben Augenblick würde für einen Marsbewohner, der fähig wäre, die Strahlungen der Gestirne ebensowohl psychisch als auch physisch zu analysieren, das erste Charakteristikum unseres Planeten nicht sein, daß er blau erscheint wegen seiner Meere, oder grün wegen seiner Wälder, sondern phosphoriszierend vor Gedanken.

Was hierin für unsere moderne Wissenschaft am aufschlußreichsten sein kann, ist, zu bemerken, daß alles Wertvolle, alles Aktive, alles Progressive, das von Anfang an in dem kosmischen Splitter, aus dem unsere Welt hervorgegangen ist, enthalten war, sich nunmehr gesammelt in dem Hüllenkranz einer »Noosphäre« findet.

Und das allerhöchst Lehrreiche des Beginns dieser Noosphäre ist (wenn wir zu sehen wissen), festzustellen, wie *unmerklich* das ungeheure Ereignis ihrer Entstehung vor sich gegangen ist, das so allumfassend und lange vorbereitet wurde.

Der Mensch ist in die Welt lautlos eingetreten …

Pierre Teilhard de Chardin, Le phénomène humain, p. 202.

Wir fahren mit einem Lehrer in den Busch, die Fahrt ist lang ... Daß die Wiege der Menschheit in Afrika stand, wird von der Wissenschaft nicht mehr bezweifelt. Die afrikanische Urbevölkerung ist nicht aus dem Inneren Asiens gekommen, wie man lange annahm, es fanden in prähistorischer Zeit keine Invasionen statt. Die ältesten Menschenknochen, die man ausgrub, fand man im Südosten Afrikas. Wieviele Millionen Jahre vergangen sind, bis diese ersten Menschen das Feuermachen erfunden haben, weiß man nicht, auch nicht, wielange sie um ihre Feuer herumhockten – wahrscheinlich bereits in der charakteristischen Haltung der schwarzen Afrikaner, mit waagrecht auf die Knie gestützten Unterarmen, von denen die schönen langfingrigen Hände senkrecht herabbaumeln – bevor ein außerordentlicher Instinkt einige von ihnen aufbrechen und nach Norden ziehen ließ, und es ist unbekannt, was sie veranlaßte, sich im Niltal niederzulassen. Vielleicht war das Niltal besonders schön und es lag dort eine lautlose Erwartung, ein lautloses Willkommenheißen, vielleicht wurden im Niltal größere Götter spürbar und die Sonne, ihre Macht und ihr Wille, war hier leichter zu durchschauen als die rätselhafte Sonne im Süden ... Unser Ziel ist das Dorf Djibidione, es ist der Geburtsort des Lehrers; er fährt fort: Während in Europa die Entwicklung durch die letzten zwei Eiszeiten um mindestens hunderttausend Jahre verzögert wurde, brachte der Geist des schwarzen Afrika in Ägypten die erste kulturelle Blüte der Menschheit hervor. Wem gelang wie den Ägyptern die Darstellung des Numinosen und – auf den Wandbildern – die Projektion des Räumlichen in die Ebene, des zeitlich Aufeinanderfolgenden in die Gleichzeitigkeit? Sie haben Wichtiges und Unwichtiges in eine geometrische Ordnung von Groß und Klein gebracht, sie haben die Unverständlichkeit der Tiere als Symbol für die eigentliche Unverständlichkeit der Götter erkannt. Kambyses setzte im Jahr 525 vor Christus der Unabhängigkeit Ägyptens ein Ende. Wie ein Atom, das zerfällt, strahlte die ägyptische Kultur ins übrige Afrika aus. Mehrere Königreiche wurden gegründet, als erstes Nigeria, nimmt man an; hier hat man Keramiken gefunden, die den Bestand des Reiches zwischen neunhundert vor und zweihundert nach Christus vermuten lassen, die alte Hauptstadt Koukia am Niger existierte schon zur Pharaonenzeit, danach erlebte Ghana seinen Aufstieg, es bestand ein Jahrtausendlang, bis Anfang des dreizehnten Jahrhunderts, Mali folgte, blühte aber nur kurz, andere folgten; an der afrikanischen Ostküste, heißt es, reihten sich von der Antike bis ins sechzehnte Jahrhundert so reiche Handelsstädte, daß die Betten aus Elfenbein, die Treppen aus Silber, die Gebäude aus Stein und bis zu fünf Stockwerken hoch waren. Die Ankunft der Portugiesen leitete den Verfall der Region ein, die endgültige Zerstückelung und Verstoßung Afrikas ins Nichts geschah durch die Europäer des neunzehnten Jahrhunderts. ... Ich weiß es, sage ich traurig, ich weiß es. ... Möchten Sie Mangofrüchte, im Korb sind welche, sagt der Lehrer um mich zu trösten, und fährt fort: Wir wollen die afrikanische Geschichte erforschen; unsere Kenntnisse weisen noch viele Lücken auf; eines Tages werden sie sich schließen; schon jetzt sieht ein Afrikaner, der in die Vergangenheit blickt, nicht mehr nur schwarze Nacht, sie hat sich an vielen Stellen aufgehellt, bald wird die afrikanische Geschichte von den prähistorischen bis in unsere Zeiten hell beleuchtet sein. Man muß sie als Einheit sehen, ebenso die afrikanischen Völker. Daß die Seele Schwarzafrikas in allen seinen Menschen dieselbe ist, fühlt jeder von uns und bedarf keines Beweises. Unsere Sprachen, so viele es sind, folgen alle ähnlichen Regeln; wie die indogermanischen Sprachen bilden sie zusammen eine Sprachfamilie; es sollte uns nicht schwer fallen, in Zukunft ein weiteres Auseinanderfallen der Dialekte zu verhindern. Irgendwann wird es uns gelingen, ausgehend von der geographischen Einheit Afrikas, eine kulturelle und sprachliche Einheit in diesem Erdteil zu schaffen, wenn auch vorderhand das Arabische in der Religion, das Französische in der Administration beibehalten wird; letzteres gilt für den Senegal. Jedoch haben wir in unserem Staat Sprachgesetze erlassen, wir haben festgelegt, wie man von den Formen der einen Sprache auf die einer anderen schließen kann, denn wir haben die Regelmäßigkeit der Abweichungen herausgefunden; so daß ein Sérère, wenn er das System kennt, ohne weiteres aus einem Sérère-Wort ein Ouoloff- oder ein Diolà-Wort fabrizieren kann. Die tiefe Verwandtschaft der afrikanischen Sprachen war uns bis vor kurzem nicht bewußt und ist auch jetzt noch nicht jedem augenfällig. Die Verständigung zwischen den Stämmen läßt zu wünschen übrig, viele Schwarze sind leider nicht geneigt, die Übersetzungsregeln zu lernen. Durch die lange Zeit der sprachlichen Auseinanderentwicklung haben sich die Stämme nicht mehr als verwandt empfunden, mit den Sprachgesetzen möchten wir diesem Gefühl entgegenwirken. Es zeigt sich indessen, daß es praktischer ist, statt mehrerer gleichberechtiger Dialekte eine einzige Staatssprache zu haben. Wir wollen es mit dem Ouoloff versuchen, weil es von der Mehrheit der Senegalesen gesprochen wird, die anderen Sprachgruppen sind eher Minderheiten. Um das Ouoloff zu fördern, stiften wir literarische Preise und sorgen für Übersetzungen schöngeistiger und wissenschaftlicher Werke aus europäischen Sprachen. Eine Kommission arbeitet an einem akademischen Wörterbuch in Ouoloff für alle Wissenschaftsbereiche. Natürlich liegt uns nichts an einem senegalesischen Chauvinismus; und Rivalitäten zwischen den Staaten können wir nicht brauchen, wenn die afrikanische Union Gestalt gewinnen soll. Wir möchten keine Makro-Schweiz – unser Vorbild ist Rußland, alle Völker dieses großen Landes sprechen neben ihren Territorialsprachen das Russische. Wir werden unter den vorhandenen afrikanischen Sprachen die zur Unionssprache erklären, gegen die sich der geringste Widerstand regt. Ein senegalesischer Schüler wird also in der Grundschule zuerst Ouoloff lernen, auch wenn er ein Diolà ist – das Diolà wird ein gesprochener Dialekt bleiben –; danach wird ihm die noch zu findende gesamtafrikanische Sprache beigebracht und erst dann darf er sich, im Gymnasium, fakultativ, einer europäischen Sprache zuwenden. Leider gibt es Senegalesen, die als einzige Sprache die französische beherrschen und die die afrikanischen Idiome verachten. Dergleichen soll in Zukunft nicht möglich sein. Ich liebe zwar auch die französische Sprache, sie ist für mich die schönste Sprache der Welt, sie ist zugleich blitzend und durchsichtig, intellektuell und sinnlich, eine Freude dem Ohr, ich möchte sie immer und immer und immer hören, ich habe in Paris studiert und begriffen, daß sie die Sprache des skeptischen Geistes ist, der sich nicht jeden Augenblick ein anderes X für ein U vor machen läßt, und sie ist die Sprache der Liebe, sie wird immer die Sprache meiner Liebe sein, aber ich bin ein Diolà und Senegalese und spreche meinen Dialekt und das Ouoloff voll Stolz ...

Wir fahren einen engen Weg entlang, die Wedel junger Palmen, die an den Autofenstern entlangstreichen, verdunkeln das Wageninnere zu einer weichen grünen Dämmerung und machen ein Geräusch wie Schilf, durch welches ein Boot gleitet. ... Wir werden jetzt Leute besuchen, die noch nie Weiße gesehen haben, sagt der Lehrer. Wir kommen in eine kleine Lichtung, steigen aus und gehen zu Fuß weiter. Linker Hand breitet ein See sich aus, an dessen Ufer wir ein Stück entlanggehen. Einige nackte Kinder kommen uns entgegengelaufen, sie lächeln, wir lächeln auch. Wir erreichen unser Ziel, ein sehr großes Rundhaus; durch einen der Durchgänge gelangen wir in den Innenhof, hier ist das Strohdach rundum so weit vor- und heruntergezogen, daß es einen Umgang bildet, es wird in regelmäßigen Abständen von schönen geschnitzten dunklen Holzsäulen gestützt. Bei einer Säule steht ein Xylophon, bei den anderen Kalebassen, Waschschüsseln, Holzkohlenherdchen und Trommeln. Der Sandboden des Hofes wird gerade von einigen Kindern mit Palmbesen gekehrt. Die Frauen sind noch auf den Feldern, die Männer beim Fischfang und auf der Jagd. Sie werden bald kommen, sagen die Kinder zum Lehrer und er übersetzt es uns, sie fragen den Lehrer, wer wir sind, die Fremdlinge, er erklärt es ihnen. Ich fange mit den kleineren Kindern zu spielen an, ich hebe eines hoch und schwenke es herum, indem ich mich im Kreis drehe. Als ich es auf die Erde stelle, heben sofort alle die Ärmchen und wollen auch durch die Luft gewirbelt werden. Mein Sohn beschäftigt sich mit den größeren Kindern, er läßt sich das Trommeln vorführen, sie zeigen ihm das Xylophon; der Lehrer schlägt es gerade an, als die Frauen eintreffen; sie sind uns gegenüber nicht so unbefangen wie die Kinder, doch verwandelt sich ihr schüchternes Lächeln rasch in eins der wärmsten Zuneigung. ... Sie müssen wissen, erklärt der Lehrer, daß ihre Vorfahren die Weißen, von denen nur undeutliche Kunde zu ihnen drang, für Götter gehalten und ihnen alles zugetraut haben, das Beste und das Böseste ... Ich bitte den Lehrer, den Frauen zu sagen, was für glücklicher Augenblick es für uns ist, hier sein zu dürfen; wir werden den Augenblick nie vergessen. ... Die Männer kommen heim, sie sind erregt, denn sie haben im See eine tote Taube gefunden, die um eine Pfote einen Ring trug und sie konnten sich nicht vorstellen, was es mit dem Vogel für Bewandtnis habe; als sie uns erblicken, löst sich für sie das Rätsel: Die Taube ist aus eurer Heimat in Europa gekommen und wollte euch eine Nachricht bringen, aber weil der Weg so weit ist, ist sie vor Erschöpfung in den See gefallen, so kurz vor dem Ziel, und der Zettel mit der Nachricht hat sich aus dem Ring gelöst und ist untergegangen ... Alle bitten den Lehrer, uns zu trösten und uns zu sagen, daß sie nichts dafür können ... die Nachricht war schon weg, als wir den Vogel fanden ... Die Taube hat sich wahrscheinlich verirrt, die Nachricht war bestimmt nicht für uns ... Doch, denn schauen Sie, auf dem Ring steht etwas, das ist der Name Ihrer Heimatstadt ... Nein, das ist ein anderer Name ... Das sagen Sie nur, damit wir nicht traurig sind, weil wir die Nachricht nicht mehr aus dem See fischen konnten ... So räumen wir schließlich ein, daß sie für uns war: aber es war sicher nur ein kurzer Gruß ... Die Frauen haben inzwischen die Holzkohlenherdchen angezündet und die Fische, die die Männer mitgebracht haben, ins Feuer gelegt. Wir essen im Hof, auf dem Boden sitzend, die Frauen und Kinder sondern sich hier nicht ab, auch ein paar Greise sind aus dem Haus gekommen. Die Taube geht niemandem aus dem Kopf. ... Ein kurzer Gruß? Für einen kurzen Gruß wird man nicht eine Taube auf eine so lange Reise schicken ... Warum nicht? fragt eine junge Frau, Nachrichten sind immer wichtig, wegen nichts schickt man keine Nachricht ... Wir hören einen leisen Knall. Es ist mein Großvater, ein uralter Mann, sagt der Lehrer, er hat einen Schuß abgegeben, zum Trommeln fehlt ihm schon die Kraft, er möchte mich sehen. Macht es Ihnen etwas aus, mit mir zu kommen? Er wohnt im Nachbardorf, es ist nicht weit, ein Fußmarsch von einer halben Stunde, der Weg ist schmal aber angenehm schattig und Sie werden Vögel singen hören ... Der alte Mann empfängt uns auf dem Boden vor seiner kleinen Hütte sitzend, die Flinte liegt quer über seinen mageren Schenkeln. Er hebt sie am Lauf ein bißchen an ... Die Franzosen haben sie mir geschenkt, ich war Soldat im ersten Weltkrieg, seitdem habe ich nie wieder Weiße gesehen; ich freue mich, daß Sie zu mir gekommen sind ... Das Gewehr ist das einzige Besitztum des alten Mannes, der Lehrer bringt ihm von Zeit zu Zeit Munition dafür. Weil ich Scheu habe, den alten Mann zu streicheln, streichle ich das Gewehr. Es dient schon so lange nicht mehr dem Krieg und dem Tod, sondern dem Leben und der Liebe, es ruft die nicht im selben Dorf wohnenden Söhne und Enkel des Greises herbei und er teilt ihnen seine Erfahrungen mit und erzählt ihnen, was er über ihrer aller Vorfahren weiß ... Sein Schuß kündet, ich lebe noch, sagt der Lehrer, als wir auf der Heimfahrt sind; wir fürchten uns vor dem Tag, an dem er nicht mehr ertönt; dann werden unsere Ohren auf die getrommelte Todesnachricht warten, aber ich werde sie nicht hören, wenn ich nicht zufällig bei meiner Familie im Rundhaus bin – meine Schule ist zu weit weg ... Wie sind Sie Lehrer geworden? ... Ein entfernter Onkel hat mich aus dem Busch geholt, als ich sechs Jahre alt war, ich lernte schreiben, aber Briefe nach Hause waren nicht möglich, es konnte ja niemand lesen – Wieder schlagen die Palmwedel an die Autofenster, aber wir sehen sie nicht, es ist schon Nacht; nur vor uns erzeugen die Scheinwerfer huschende Helligkeit Nachrichten sind eigentlich immer Schreie, oder nicht? fährt der Lehrer fort. Um Liebe, um Beachtung, um Hilfe. Wir Buschleute haben unsere Schreie in unsere Hände, unsere Finger fließen lassen, wir haben sie mit Trommeln verstärkt, die Trommeln haben unsere Schreie unsere Nachrichten durch den Urwald geschickt, die Todesnachrichten, die Kriegsnachrichten, die Bitten um Beistand, auch die Freudenschreie, die Siegesnachrichten, die Hochzeitsankündigungen – Jemand, der einen kompositorischen Geist hat, könnte verschiedene

Nachrichtenstücke zu einem getrommelten Gedicht zusammenfügen, dieses könnte eine Geschichte erzählen, oder eine Sehnsucht ausdrücken, oder ein Lebensgefühl welches Wunder, ich lebe, ich lebe, ich lebe, oder einen Wunsch, ich möchte mein Dorf, meine Familie nicht verlassen, ich möchte meine warme Zeit nicht verlassen und in eine eisige Zukunft gehen müssen; ich möchte nicht allein sein. Der Trommeldichter könnte die einzelnen Trommelnachrichten anders zusammensetzen: seht wir sind der untergehenden Sonne entgegen zum Opferhäuschen gegangen und haben das Blut der flügelschlagenden Opferhähne an den schwarzen Opferpfosten herunterrinnen lassen, könnte das Gedicht uns erinnern, wir haben gefühlt, daß alle Geister den Atem anhalten, während das Blut rinnt, und daß die untergegangene Sonne hinter dem Horizont stehenbleibt und erstarrt. Wollen sie die Opfer nicht mehr annehmen? Wieder anders zusammengesetzt könnte das Trommelgedicht fragen, warum wollen wir unser freies warmes glückliches Leben im Busch aufgeben und uns in die Fortschrittswüste vorkämpfen, in der wir die Orientierung verlieren und einer Fata Morgana nachjagen? Indem ich an einer Schule bin, arbeite ich – selbst als Historiker, der die Nachrichten der Vergangenheit deutet – für den Fortschritt; ich will ihn also selbst. Aber warum, warum, warum.

Gehn wir waschen,
unsere Zeit ist kostbar,
meine Schwestern, gehn wir waschen,
damit jede von uns,
bevor die Sonne versinkt,
die Mahlzeit bereiten kann.

Wir müssen früh aufstehn,
um die Hirse zu stampfen,
um die Wäsche zu waschen,
um zu fegen vorm Abend,
damit wir die Mahlzeit bereiten können.

Daß die Arbeit rechtzeitig ende
und die Wäsche schön rein sei,
gehn wir also meine Schwestern.
Da ist eine Aufgabe,
die den Frauen obliegt
unseres Landes.

Wir befinden uns im Theater; dieses Lied singt ein gemischter Chor – die Sänger wiegen sich langsam im Takt – zu einem Waschballett, acht Frauen tanzen auf die Bühne, je zwei schwenken zwischen sich einen Waschzuber. Die vier Zuber werden der Reihe nach an der Rampe aufgestellt, vier Frauen knien sich hinter sie, machen sich, im Knien tanzend, ans Wäschewaschen und erzeugen dabei in ihren Wannen eine Unmenge Seifenschaum, sie wringen die Wäschestücke rhythmisch aus und werfen sie den hinter ihnen wartenden, stehend tanzenden Frauen zu. Tanzen und Waschen, zwei eher auseinanderliegende Beschäftigungen, lassen sich gut miteinander verbinden: die meisten Tänze im Senegal verlangen eine gebückte Haltung und gehen ruckartig vor sich, so daß der Waschrhythmus ganz natürlich mit herausgeschüttelt wird; die Farben, ein Non plus ultra an Frische: schwarze Haut, blitzblaue Kopftücher, Röcke und Zuber, weiße Blusen, weißer Schaum, weiße Wäsche. Volkserziehung, charmant verschnörkelt, manchmal eine Spur maliziös dargebracht. Und wer wird maulen, wenn sogar ein grober Befehl in ein lustiges Lied verpackt ist? Wascht euch, heißt es da, gründlich! Es genügt nicht, sich den halben Wasserinhalt einer Teekanne über Hände und Füße zu gießen und zu glauben, damit habe man für einen Tag und eine Nacht genug getan. Freilich, an den öffentlichen Wasserhähnen mit ihrem dünnen Getröpfel ist es zum Geduldverlieren, es ist einer schon ein Held, wenn er seine Kanne vollbringt, umso mehr genießt er dann die winzige Kühlung, wenn er das laue Wasser aus dem engen Ausgießer der Teekanne über seine Finger und Zehen rinnen läßt; vielleicht hat er sogar ein Stückchen Seife. Aber, raisonnieren die Lieder, das ist zu wenig, holt euch Wasser in eure Hütten, zieht euch aus und wascht den ganzen Körper, Tag für Tag, dann wird das Ungeziefer verschwinden. Aufgaben harren euer, Aufgaben!

Waschen ist nicht alles, die Familie hat ein Recht auf zwei anständige Mahlzeiten am Tag, eine davon sollte warm sein. Mit einer einzigen, kalten, lieblos zubereiteten Mahlzeit am Tag kann man keine gesunden, kräftigen jungen Leute heranziehen; solche brauchen wir aber und keine blutlosen Gerippe, wie viele Eltern sie heranzüchten, weil sie nicht wissen, wie man sich selbst und die Kinder richtig ernährt.

Ja, da singen wir wieder,
Senegalesen, damit ihr
die Kräfte verdoppelt,
den Senegal aufzubauen.

Ihr, die ihr uns zuschaut,
wir rufen euren Eifer auf,
damit alle zusammen
sich an die Arbeit machen.

O Brüder, gürtet eure Lenden,
der Senegal ruft euch,
und wenn das Kind sich undankbar zeigt,
wird die Mutter traurig und klagt.

O Schwestern, wacht auf!
Vereinigen wir unsere Kräfte.
Das ist eine absolute Notwendigkeit,
das ist eine Pflicht gegenüber der Nation.

Im Stadium, in dem unser Land sich befindet,
fordert die Gleichheit aller!
Gleichheit der Pflichten und Gleichheit der Rechte,
das ist heut nötig.

Wacht also auf,
um ein blühendes Land zu bauen.
Senegalesen, spannt eure Muskeln,
um unseren Senegal zu bauen.

Die Zuschauer klatschen begeistert. Ja, wach auf, Senegal, aber schau nicht in die falsche Richtung, wenn du die Augen aufschlägst. Vielleicht könnte man den Schlafenden schon so drehen, daß wenigstens sein erster Blick in die richtige Richtung fällt. Daß der Wache später den Kopf hierhin und dorthin dreht, wird ohnehin nicht zu verhindern sein, aber der erste Blick ist entscheidend, oder nicht?

Und wenn, o Frau, du schläfst
und jeden Fortschritt verneinst,
habe Angst, daß man dich morgen
sehr streng behandeln wird.

Und wenn, o Mann, du dahinlebst
und dich nicht kümmerst um die Zukunft des Landes,
bist du verloren, wenn du dich einfangen läßt
von den kleinen Vergnügen von heute.

So laßt unsere Ideen aufs Glück zugehen
und unsere Kräfte laßt uns vereinigen,
um eine strahlende Zukunft zu schaffen.
Laßt uns die Eitelkeiten vergessen.

Hier hören wir auf und wünschen
daß Gott unsere Herzen
in Einigkeit schlagen lasse,
damit der Friede das Land beglücke.

Alle Lieder bitten, arbeitet auf das Gemeinwohl hin, liebe Senegalesen, daß nicht jeder sein Glück schlecht und recht nur für sich selber suche, damit wird kein Land aufgebaut, das ist ein Krieg aller gegen alle. Ein Land aufbauen, was für eine Sisyphusarbeit, wann ist je etwas fertig? Das Schulwesen: gegenwärtig gibt es vierzig Prozent Analphabeten und wenn es eines Tages keine mehr gibt, wird man sehen, daß das bißchen Lesen, Schreiben und Rechnen nicht genügt und man das Schulniveau heben muß. Und wozu, zu welchem Ende? Wird irgend etwas besser dadurch, werden die Menschen durch höhere Bildung besser, werden sie sich mehr lieben, werden sie glücklicher? Sie werden nicht glücklicher, das glauben wir nicht. Wir können nur das eine Ziel haben: alles tun, damit sie nicht unglücklicher werden. Bei der raschen Entwicklung zum Industrieland ist es so leicht möglich, daß das Unglück wie ein Schorf, eine Räude sich ausbreitet; die Gewitzten sehen hundert Möglichkeiten, sich zu bereichern und die Ungeschickteren in Armut und Abhängigkeit zu stoßen; diese sinken dann von ihrer philosophischen Bedürfnislosigkeit herunter zur freudlosen Eintönigkeit resignierten Staunens, wie reich die paar Reichen sind und was sie für Sachen haben, kein Elan vital wird das Leben der Unterdrückten beflügeln. Die Lieder mahnen. Sie wenden sich besonders eindringlich an die Frauen. Deren gegenwärtige Situation ist meist die von armen Verwandten, eine Folge historischer Fakten in der unmittelbaren Vergangenheit, aber unvereinbar mit einem modernen Staatswesen. Männer, hebt eure Frauen auf euer eigenes Niveau, und, Frauen, akzeptiert das, ja fordert es! Tut ihr es? Leider stellen wir an euch eine unheilvolle Verspieltheit fest, ihr haltet euch abseits und lächelt verträumt vor euch hin … Sie haben wunderbare warme Augen, aber von den Erfordernissen der Stunde begreifen sie nichts. Und wenn sie Intellektuelle und emporgekommen sind? Oh, am häufigsten denken sie an Modelle von Dior oder Courrèges, an Schuhe mit hohen Absätzen, an Perücken, die von Dessange frisiert sind, an Bälle und Schwelgereien, Diners in exclusiven Restaurants, an Schmuck, Lidschatten, Hautcreme; sind sie wenigstens gute Gefährtinnen, helfen sie ihren Ehemännern? Nein. Geldverschlingende Abgründe sind sie und ihre Beschäftigungen beschränken sich auf modische Spiele, hohle Angeberei und Tratschen. Tratschen ist lustig, die Zeit, die sonst so lang wird, fließt wohltuend dahin. Wozu sich plagen, wenn die Männer genug verdienen? So sprechen die Frauen der Beamten und Funktionäre in den Städten. Sie möchten vor allem schön sein, sie träumen von Paris und von der Liebe; sie wünschen sich einen weißen Liebhaber, zeigen es aber nicht und lächeln, den Königinnenkopf zurückwerfend, kühl und verwirrend, oder sie zeigen es, lächeln heiß und verwirrend, schauen über die Schulter zurück zum hellen Fremdling. Diese tauschen einen schlechten Ruf dafür ein, jene behalten ihren guten, aber der Unterschied fällt nicht ins Gewicht. Warum sollte Begehrlichkeit etwas Schlechtes sein? Das ist es nicht. Diese Frauen denken nur an sich, das ist ihr Fehler. Ihre Kinder vernachlässigen sie sträflich, sie glauben immer noch, es genüge, sie in die Welt zu setzen, heranwachsen werden sie von selbst, aber das war einmal, heute muß man sie erziehen. Und die Frauen vom Land? Beneiden sie ihre Schwestern in der Stadt, die es so schön haben, weil das Leben dort leicht ist, die mit dem Taxi ans

Meer fahren oder nach Europa fliegen, wenn sie gerade Lust dazu haben? Die Frauen auf dem Land sind weniger schön als die Stadtfrauen, die sich häufenden Arbeiten in Haus und Feld lassen ihnen keine Zeit zu Spiel und Tratsch, leider aber auch nicht dazu, an den nationalen Aufbau zu denken. Ihr Los ist zu hart, sie sind fast Sklavinnen; der tiefe Graben, der Männer und Frauen trennt, muß aufgefüllt werden, damit die Frauen sich den Männern anschließen und beide sich gemeinsam dem Kampf um die Entwicklung der Nation widmen können; die Frauen müssen das Ihre dazu tun, die Männer so weit zu bringen, daß sie die Frauen als gleichberechtigt und nicht als etwas ganz und gar Nebensächliches und Untergeordnetes betrachten, gut nur zum Kinderkriegen und für die verächtlichsten Arbeiten. Es ist wichtig, die Frauen aufzustacheln, denn die Verantwortlichen fürchten, daß den Männern nicht viel daran liegt, das Los ihrer Frauen zu erleichtern, weil das ihr eigenes erschwert.

Nebst den Liedertexten entnehmen wir derlei Ermahnungen und Belehrungen dem Programmheft, die Theaterstücke liefern dazu abschreckende Beispiele; die meisten Stücke sind aber so lustig, daß sie die Zuschauer bloß erheitern oder sogar zur Nachahmung anregen; ein Effekt der Belehrung, den die Belehrer als negativ empfinden müßten, wüßten sie darum; aber wer sollte, und wie, die Resultate kontrollieren?

Da kommt die schicke Sekretärin auf die Bühne getänzelt, schon gefällt sie den Zuschauerinnen, sie plappert los und benimmt sich, wie es in einem Büro, in dem ernsthaft gearbeitet werden soll, unangebracht ist, aber sie hat keine Angst! Sie ist dem Chef überlegen! Sie bringt ihn zur Verzweiflung! Sie zählt dem zurückweichenden Chef ihre Eroberungen an den Fingern vor. Er macht schwächliche, von ihr sofort abgeschnittene Versuche, sie an die zu schreibenden Briefe zu erinnern; er ergreift die Flucht, als Besuch für sie kommt. Es ist eine Hausfrau, sie hat Zeit, aber daheim keine Gelegenheit zum Plaudern, sie ist dick, aber reich und trägt um den Kopf ein hochaufgetürmtes golddurchwirktes Tuch, golddurchwirkt ist auch der durchsichtige Überwurf über ihrem braun-orange gemusterten traditionellen Kleid. Eigentlich sucht sie ihren Mann, hat aber keine Lust, ihn zu finden … er dürfte ohnehin auf einer Sitzung oder so etwas Ähnlichem sein, mit seiner Sekretärin mag ich nicht reden, die schaut mich von oben herab an, wegen meiner Kleidung, dabei verrät traditionelle Kleidung mehr Nationalbewußtsein als europäische … Ein Streit entsteht, denn die freundliche Sekretärin ist auch europäisch gekleidet und verteidigt diese Tracht. Mittlerweile ist eine arme Haut vom Land hereingekommen; als die beiden Kampfhennen sie endlich bemerken, gehen sie sofort vereint auf sie los, so daß sie gar nicht dazu kommt, ihren Mund aufzumachen, geschweige ins Nebenzimmer zum Chef vorzudringen. Sie läßt sich von den beiden Damen einschüchtern, deren Reden vor Dummheit und Prahlerei triefen, was die Landfrau aber nicht durchschaut; sie weicht stöhnend zurück und verschwindet schließlich in reinster Panik. Das Telefon klingelt, die Sekretärin macht ein Rendezvous aus, schäkert endlos herum, was die Hausfrau verdrießt, so daß sie goldumwolkt und indigniert schweigend den Raum verläßt. Zufrieden betrachtet die Sekretärin ihre zinnoberrot lakkierten Fingernägel, als sie endlich den weißen Hörer auf die Gabel legt. Weil der Chef sie nicht mehr sprechen hört, wagt er sich vom Nebenzimmer herein, er wartet geduldig, bis sie ihre Perücke zurechtgezupft und frisches Lippenrot aufgetragen hat, sie setzt sich, Bleistift in der Hand, in Positur, aber kaum hat er den ersten Satz halb zu Ende gebracht, als mit einem Wortschwall die nächste Besucherin eintritt; händeringend, aber stumm zieht sich der Chef endgültig ins Nebenzimmer zurück.

Eine solche Sekretärin ist nun wirklich nicht zu empfehlen, doch Abschreckung allein, selbst wenn sie glückt, ist unzulänglich, es muß auch Vorbilder geben; besonders vorbildlich ist der Herr Mustapha, ein gewissenhafter Funktionär und davon überzeugt, daß auch die Frauen, die so leicht ins Unernste wegschwirren, zu Verantwortungsbewußtsein erzogen werden können; er weiß und ist stolz darauf, daß er zur Elite gehört, die aus dem Land und für das Land entstanden ist; ihm ist klar, daß es nicht genügt, der Masse die Hand hinzustrecken: kommt, wir gehen miteinander – man muß ihr nach besten Kräften dienen, um sie des Lichtes der Vernunft teilhaftig werden zu lassen, denn die gegenwärtigen Probleme sind nur mit Vernunft zu lösen, er bedauert, daß in den Städten Sorglosigkeit herrscht und die Aufgaben der Nation nicht wahrgenommen werden. Es schmerzt ihn, daß die Sorglosigkeit auf dem Lande noch größer ist, der Mangel an Information und Instruktion läßt die Bauern fern der Realität von heute leben. Um dem abzuhelfen, geht Mustapha für ein Jahr in den Busch. Wenn gleich ihm alle Intellektuellen es über sich brächten, die Stadt, wenigstens für kurze Zeit, zu verlassen und im Busch die bäuerlichen Massen von ihrem Wissen profitieren zu lassen – die Bauern haben dieses Wissen bitter nötig – und wenn alle gleich Mustapha, wo sie sich auch befänden, sich damit beschäftigten, den Sinn der Menschen auf die nationale Aufgabe zu lenken, dann, ja dann wäre die mustergültige Entwicklung des Senegal garantiert.

Kaum ist der brave Mustapha mit salbungsvollen Worten abgetreten, stürmt ein nackter Krieger tanzend auf die Bühne, gestikuliert wild, fletscht die Zähne und schüttelt sein Gewehr über dem Haupt, es ist Bigolo, der Volksheld, er schreit, brüllt, rasende Feinde nahen; getanztes Kriegsgetümmel. Das Ballett dauert zwanzig Minuten, aber schon in der zweiten Minute bekommt Bigolo mit einem Gewehrkolben eins über den kriegsgeschmückten Schädel und sackt laut schreiend zusammen. Die Feinde umtanzen ihn, sie haben gesiegt, aber ein Siegesgeschrei stimmen sie nicht an, das Blatt kann sich so leicht wenden. Die Stammesfehden, die sich aus lauter Vergeltungen zusammensetzen, kennen selten einen eindeutigen Ausgang; während die Feinde, nachdem sie einen sehr kunstvollen Schwertertanz aufgeführt haben, rechts hinaustanzen, tanzen links Bigolos Getreue herein, sie erschauern, umringen ihren toten Anführer und heulen klagend; dann heben sie ihn auf ihre Schultern und schreiten gemessenen Tanzschritts von der Bühne. Der Volksheld ist fast eine Witzfigur, die ganze Zeit liegt er tot da, sein Gewehr neben sich, er hat nur am Anfang ein bißchen gezappelt; trotzdem, das Stück ist traurig. Kaum jedoch ist Bigolo hinausgetragen worden, kommt er wieder. Nein, er ist nicht von den Toten auferstanden, es ist auch kein Verbeugungstanz, es ist ein anderes Stück, das vor dem ersten spielt. Bigolo stirbt zwar nicht, er siegt aber auch nicht.

Er wird mit den Seinen zurückgedrängt, stürmt wieder vor, wird von neuem zurückgeschlagen, diesmal sind es die Franzosen, gegen die er kämpft; diese sind Schwarze mit weiß geschminkten Gesichtern; der Tanz ist sehr schön.

Es sind Stücke nach der Wirklichkeit, es gab ihn, den Volkshelden Bigolo, der hieß Agnabo und lebte am Anfang unseres Jahrhunderts. Nach ihm ist das Gymnasium von Ziguinchor benannt; manche fragen, warum man einer großen skolaren Einrichtung den Namen eines wilden Heiden und Kriegers gab. Ja, er war Animist und hat Kriege geführt; erobern wollte er indessen nichts, nur zurückgewinnen, er hat sich zornig gegen die französische Infiltration gewehrt. Er verteidigte die einheimische Kultur, die nicht auf Fortschritt und Reichtum aufgebaut ist, sondern auf der freilich schwankenden Grundlage der menschlichen Werte – denn was mit diesen gemeint ist, wird nicht recht klar, außer daß sie dem Egoismus und der Habgier, die so viel Unheil bewirken, ganz und gar entgegengesetzt sind. Agnabo war zugleich Feldherr, Arzt und Priester und lehnte auf allen Gebieten das fremde Ausländische ab, allerdings wollte er nicht einen früheren Urzustand wiederherstellen – nein, wie es in seiner Jugend war, so gefiel es ihm und so sollte es bleiben – er liebte sein Gewehr und auf die Pfeil-und-Bogen-Krieger schaute er voll Verachtung. Seinen angestammten Glauben hat er nicht gegen einen von außen gekommenen eingetauscht. Eine Belohnung im Himmel für auf der Erde geduldig ertragene Leiden erschien ihm sinnlos, sinnvoll dagegen, die Erde als Paradies anzusehen, hier fühlen nicht nur die Lebenden sich wohl, sondern auch die lange toten Ahnen, die gar keine Lust haben, sich von der schönen Erde zu entfernen, sie nehmen in Bäumen Wohnung und lenken von dort aus ein wenig die Geschicke ihrer Nachkommen; eine luftige, freundliche Philosophie, da werden die Seelen der Abgeschiedenen nicht lieblos fortgeschleudert in Himmel oder Hölle, nein; da wird das Band zwischen Lebenden und Toten nicht brutal zerrissen; mit lächelnder Anteilnahme schauen die Ahnen aus den hellen heiteren Baumwipfeln den jungen Paaren bei der Umarmung zu. Und niemand droht den Ehepaaren mit herabgezogenen Mundwinkeln: ihr habt euch – gefälligst – zu lieben, bis daß der Tod euch scheidet. Niemand streckt über ein kniendes Brautpaar die Arme zur Segnung aus, die in Wirklichkeit Einschüchterung bedeutet: bleibt euch treu, sonst! Ja, so menschenfreundlich redete Agnabo, aber es konnte nicht ausbleiben, daß man ihm, der vielen Kriege wegen, trotzdem Grausamkeit vorwarf. Bei uns, konterte er, ist die Grausamkeit nicht vergiftet durch gemeine Gesinnung, die die Grausamkeit der Weißen so verabscheuenswert macht; bei uns entspringt sie edler Haltung und tritt nur dem Niederträchtigen gegenüber auf, darum ist sie bei uns schön und nicht häßlich, sie ist eine, allerdings schwarze, Arabeske auf dem hellen leuchtenden Untergrund von Liebe und Freundschaft, der unser eigentliches Wesen ausmacht. Agnabo, lese ich im Theaterprogramm, verkörperte jenen negro-afrikanischen Humanismus, den man im Oeuvre des Dichters und Staatspräsidenten Senghor wiederfindet. Die Erde wird hingenommen wie sie ist, sie soll nicht verändert werden, sie ist eine freundliche Spenderin, wenn sie Lust hat zu geben; es ist sinnlos, ihr etwas mit Gewalt abzutrotzen, es weckt ihre Rachegefühle, sie kann sich vernichtend rächen.

Die Begeisterung der Zuschauer für die Bigolo-Kriegsstücke ist überschäumend, ich werde ein bißchen traurig dabei und nicht nur, weil ich ein Pazifist bin; wo ist denn der Humanismus, der sich nicht am Materiellen ausrichtet, zu finden außer im Theater? Gibt es in der gegenwärtigen Wirklichkeit des Senegal irgend einen Beleg für das Vorhandensein eines solchen Humanismus? Die senegalesischen Zuschauer schreien, trampeln und klatschen Bigolo-Agnabo Beifall, weil er sich gegen die Franzosen und ihre Zivilisation gestellt hat, sie haben aber selbst nicht die mindeste Absicht, dies ebenfalls zu tun, im Gegenteil, sie helfen die französische Kultur zu verbreiten, es kann ihnen nicht schnell genug gehen, am liebsten möchten sie ja überhaupt in Frankreich wohnen. ... Ich liebe Frankreich, sagt Joseph neben mir, heftig klatschend, ich hätte dortbleiben können, aber schau, ich bin zurückgekommen, ich wollte mein Land nicht im Stich lassen ... Bist du Traditionalist, Joseph? ... Ja, und nein, wir sind gespalten, wir machen uns den Fortschritt der Weißen zu eigen und besinnen uns zugleich auf unsere traditionellen afrikanischen Werte, die ihn ablehnen ... Bei uns in Europa besinnt sich zwar niemand auf traditionelle Werte, da wir nicht wissen, worin sie bestehen könnten, unsere Tradition ist ja der Fortschritt, trotzdem sind viele gegen ihn und so war es immer, die einen rationalisieren und die anderen sind dagegen, sie erblicken in der Technik eine krebsartig wuchernde Teufelei ... Ist sie es? fragt Joseph. ... Ich weiß nicht. Vielleicht. Aber der Erfindergeist ist Teil der menschlichen Natur, wie könnte man die unterdrücken? ... Ist der Wunsch nach Liebe, nach mehr Liebe, nach mehr Freiheit in der Liebe, nicht Teil der menschlichen Natur?

Man hat sehr wohl vermocht, die Verwirklichung dieses Wunsches zu unterdrücken ... Im Gegensatz dazu hat man Feindschaft nie besonders unterdrückt. Angriff, besonders privaten, belegt man zwar mit Strafe und Sanktionen, aber eine einfache Erklärung, daß es kein Angriff, sondern eine Verteidigung war, genügt schon, die Sache der Feindschaft, besonders der öffentlichen, von jeder Unterdrückung zu befreien ... Wieso unterdrückt man gerade die Liebe? Das ist nicht zu verstehen ... Zu verstehen ist es nicht; es hat aber immer Menschen gegeben, die sich über die Unterdrückung der Liebe hinwegsetzten ... Und was ist mit ihnen geschehen? Sie haben Leid geerntet ... Wenn man den Fortschrittsgeist unterdrückte und einige sich darüber hinwegsetzten, würden sie Leid ernten? ...

Wir sind in einem anderen Theater und reden mit Paul-Ignace. Früher, sagt er, haben uns die Europäer mit ihrer Kultur beglücken wollen, sie sahen sie allen Ernstes als Bereicherung für uns an; jetzt, wo wir sie uns aneignen, warnen sie: ahmt uns nicht nach, bleibt, wie ihr seid! Damit meinen sie die gastfreundliche Art der Afrikaner, die ihnen wohltut; wir Europäer, behaupten sie, sind ja nur gastfreundlich, wenn ein Nutzen oder ein Vergnügen dabei herausspringt. Wenn aber ein Europäer dreimal vergeblich auf einen Schwarzen gewartet hat und dieser dann zu einer ganz anderen Zeit unvermutet ankommt und eine fadenscheinige Ausrede vorbringt, sagt der Europäer bekümmert: wenn ihr doch einmal Zuverlässigkeit und Pünktlichkeit lernen wolltet! Bleibt, wie ihr seid, hören wir dann nicht ... Joseph kommt: die Schauspieler sind noch nicht da, sagt er, wir müssen noch ein bißchen warten ... O afrikanische Unpünktlichkeit! mimt

Paul-Ignace Verzweiflung. … Glaubst du, so etwas kommt in Europa nicht vor? … Aber schon geht der Vorgang auf, die Schauspieler sind doch schon da. Das Stück handelt von einem jeune homme aus dem Busch; kommt doch der dumme Mensch nur mit einem Lendenschurz bekleidet, in eine zivilisierte Gegend; einige, die vor ihm gekommen und schon alte Zivilisationsfüchse sind, machen ihn auf das Unpassende seines Kostüms aufmerksam, sie bringen ihm eine Hose, er weiß nicht, was damit machen, sie bringen ihm einen Rock, befehlen: anziehen und er versucht es wirklich, er fährt mit beiden Händen zugleich in die Ärmel, der Rücken des Rockes ist vorn und der jeune homme steht hilflos da, weil das Zeug hinunterrutscht, wenn er nicht die Arme hochhält. Ein Zuschauer, der annimmt, der junge Mann wird doch sehen können, wie die anderen die Sachen anhaben, irrt sich, der junge Mann sieht nichts, die anderen müssen ihm Hemd, Hose und Rock anziehen. Sie drehen ihn um und um, aber seine Haltung gefällt ihnen nicht. Gar keine Veranlassung, die Arme derart vom Körper wegzustrecken; lässig, sagen sie, mußt du dastehen! Und als er zusammenrutscht: Lässig, nicht nachlässig! Sie bringen einen Stuhl. Setz dich! Der Bursche läßt sich im Türkensitz auf dem Boden neben dem Sessel nieder. Empörung bei den alten Füchsen: doch auf den Stuhl! Mißtrauen beim jeune homme und Kratzen des Krauskopfes. Aber er setzt sich wirklich auf den Stuhl rittlings, die Arme verschränkt er auf der Lehne Die anderen geraten wieder in Aufregung, zerren ihn vom Stuhl und machen ihm vor, wie man sich setzt: Ein Bein über das andere, am besten noch eine Zigarette in den Mund! Er übt; schließlich sind die Kameraden zufrieden, morgen werden wir tanzen lernen, verkünden sie. Tanzen kann ich schon, sagt der Bursche; sie lachen nur was du so tanzen nennst! Und richtig ist er am nächsten Tag entsetzt, daß er eine Dame in den Arm nehmen soll; das geht zu weit, findet er, das hat er noch nie getan, es ist äußerst unschicklich und er will streiken, aber es hilft ihm nichts, unbarmherzig wird er von einem Mädchen zum anderen geschubst und sie lachen noch dazu, sie lachen so impertinent – aber er will nun einmal in die Stadt und so läßt er schließlich alles über sich ergehen.

Die Zuschauer lachen und klatschen heftig. Gefällt es Ihnen? werden wir von allen Seiten gefragt, wir sind die einzigen Weißen im Theater. ... Sehr! beteuern wir; aber wie läßt sich das Stück vom jeune homme mit dem Bigolo-Stück vereinbaren? ... Ganz einfach, sagt Joseph Bigolo ist die Vergangenheit, der jeune homme ist die Zukunft. ... Aber die Traditionalisten kämpfen doch gerade gegen eine solche Zukunft? ... Sie werden den Kampf verlieren, sagt Paul-Ignace, es gibt auf der Welt kein Zurück, außer durch Katastrophen, ein freiwilliges Zurück, auch wenn viele davon schwärmen, muß scheitern ... Es müßte kein Zurück, es könnte ein Festhalten am Hergebrachten sein ... Das Hergebrachte ist Vergangenheit, es ist aus ihr hergebracht worden bis in die Gegenwart, doch ist es nicht in die Zukunft zu bringen, weil zu viele Kräfte dagegen sind ... Aber es gibt Erneuerung durch Zurückgreifen, sage ich, die Renaissance in Europa ist die Wiedergeburt der Antike ... Das ist sie nicht, sagt Joseph, man wollte sie vielleicht wieder aufleben lassen, hat sich in manchem an ihr orientiert, aber entstanden ist etwas anderes, zwischen beiden Stilen ist ein scharfer Trennungsstrich, wie ein Blitz oder ein zuckender Schmerz ... Ach! Joseph! Aber die Renaissance ist der Antike doch näher als sagen wir die Gotik ... Gewiß; die Gotik war eine Sackgasse, ein Irrweg, wie hätte man derart absonderliche Formen weiterentwickeln können? Man mußte ja zurück zur Weggabelung, an der man den falschen Weg eingeschlagen hatte ... Wieso? wirft Paul-Ignace ein, die Europäer hätten doch bis in alle Ewigkeit gotisch weiterbauen können; aber ihnen wird schnell langweilig, nach ein, zwei Jahrhunderten wächst ihnen schon beim Hals heraus, was sie mit so viel Begeisterung angefangen haben ... Ich lache: Erneuerung ist für uns ein magisches Wort, jeder Europäer, ob er jetzt lebt oder wann immer er gelebt hat, empfindet und hat seine Zeit als eine der Umwälzung, des Umbruchs, des Übergangs empfunden, genußvoll schaffen oder registrieren wir immer neue Wellen, die wir über kurz oder lang als Kindereien abtun. Sehr lange Wellen werden von kürzeren und kurzen überdeckt, so daß uns Anfang und Ende der langen Wellen ganz entgingen, wenn unsere Forscher nicht darüber spekulierten: Ende des jahrtausendelangen Patriarchats? Naht ein neues Matriarchat? Oder das Zeitalter der Gleichberechtigung? ... Wie kann man darüber im Zweifel sein? Wir wollen alle die Gleichberechtigung, also wird sie kommen, sagt Joseph, und Paul-Ignace: bist du so sicher? Wir wollen alle das Glück, und kommt es? ... Man muß es halt erkennen und darauf zugehen ... So wird also der junge Mann aus dem Busch in der Stadt glücklich sein, meinst du das, Joseph? Er wird seine neuen Kleider und das Sitzen auf einem Stuhl bald nicht mehr aufregend finden ... Wie können die Verantwortlichen es zulassen, schalte ich mich ein, daß ein junger Mann vom Land lächerlich gemacht wird? Sie wollen doch die Landflucht aufhalten? ... Solche Stücke zeigt man nur in den Städten, auf dem Land macht man anderes Theater, belehrendes über bessere Anbaumethoden, neue Getreidesorten, Tierzucht, und unterhaltendes über Stadttölpel, die sich bei den einfachsten Arbeiten ungeschickt anstellen ... Ich sehe nicht recht, wie dabei die von den Verantwortlichen beklagte Kluft zwischen Stadt und Land schmaler werden soll? ... Oh, wir machen den jungen Leuten schon klar, was Spaß und was Ernst ist, aber wenn es nur belehrende Stücke gäbe, würde niemand ins Theater gehen ...

Die Pause ist zu Ende, im Zuschauerraum wird es dunkel; auf den freien Platz neben Paul-Ignace setzt sich Monsieur Coly, ein höherer Ministerialbeamter, er lädt uns ein, nach der Vorstellung bei ihm einen Imbiß einzunehmen; er ist gekommen, sich die Schlußtänze anzusehen. Die Trommeln beginnen, die Tänzer folgen, sofort öffnet es uns die Lippen, stockt uns der Atem, pocht uns das Herz. Eine Reihe von acht Frauen und dicht hinter ihnen eine zweite von acht Männern tanzen vom Hintergrund der Bühne nach vorn, gebückt und langsam, fast auf der Stelle stampfend, rücken sie näher, die Frauen in bunten pagnes, die Männer in Lendenschürzen; immer wieder decken sie, in geringem Abstand vom Körper, mit gespreizten zehn Fingern die Scham, ziehen die Hände bis zu den Schultern in die Höhe und senken sie wieder in einem nach vorn ausladenden Bogen; Eros flüstert und schreit, die Bühne zittert vom schnellen gleichmäßigen Stampfen, die Zuschauer hängen betäubt und glücklich in ihren Sesseln, tausend Augen starren aus der weiten dunklen Zuschauerhöhle auf die helle Bühne, auf der wie ein Wolkenbruch das Trommeln und Stampfen vor sich geht; ich will nicht, daß dieser Tanz zu Ende geht. Die Männer im Zuschauerraum drücken ihre Oberarme an die Oberarme ihrer Begleiterinnen und die Frauen machen keine ausweichenden Bewegungen, im Gegenteil, viele kommen mit einem tiefen Atemzug den Männern entgegen, selbst wenn es fremde sind, Knie drängt sich an Knie, Hände finden sich. Von der Bühne glänzen schweißüberströmt die befriedigten Gesichter der Tänzerinnen, sie sind bis an die Rampe gekommen, drehen sich um und tanzen ebenso langsam in den Hintergrund zurück, ihre runden Hinterteile in den leuchtenden pagnes beben rhythmisch beim schnellen Stampfen; im Hintergrund drehen sie sich wieder um, diesmal schlüpfen die Männer zwischen den Frauen durch und bilden die erste Reihe, einer leckt mit rotroter Zunge den Schweiß von der Oberlippe, der ganze Saal, schon halb in Trance, stöhnt auf; der Tanz wird kunstvoller, ich will nicht, daß er zu Ende geht, dennoch endet er, es folgen pantomimische Tänze aus dem Dorf- und Stammesleben, Hochzeiten, Begräbnisse und Kriege; es gibt viele Hochzeiten, ein Mann heiratet ja nicht nur eine Frau, und viele Begräbnisse, in den großen Familien stirbt alle Augenblicke einer, und Kriege, ach, Kriege gibt es unzählige, Sippe gegen Sippe, Dorf gegen Dorf, Stamm gegen Stamm. Ein getanzter Krieg ist nicht schrecklich, Ernst oder Tragik vermittelt er kaum, auch nicht Genugtuung oder Trauer, aus dem wilden Gekoche und Geschäume des Krieges ist eine kristallische Formation destilliert: Choreographie: die Bewegungen sind hinreißend. Dazu schweigen plötzlich die Trommeln, Xylophone zirpen, es sind längliche Klangkörper: ausgehöhlte Baumstämme, die waagrecht auf vier dünnen Holzbeinen ruhen, sie sind verschieden groß, die Bespannung geht der Länge nach über die Öffnung. Die Spieler hocken auf einfüßigen Schemeln vor den Instrumenten und schlagen mit Stäben oder Hämmerchen auf die Saiten; eine zarte Musik; sie stammt nicht aus dem tropischen Regenwald, sondern aus dem arabischen Nordafrika. Die Trommeln mischen sich leise ein – es klingt, als fielen vereinzelte Wassertropfen auf Blech – dann steigern sie sich, rasen endlich wie ein Gewitter, während die Xylophone verstummt, die Krieger weggehuscht sind. Es erscheinen noch einmal die sechzehn Tänzer mit ihrem gebückten Stampftanz, das Publikum jubelt und trampelt, diesmal ziehen die Tänzerinnen, unablässig stampfend, immer wieder ihre Rocksäume in die Höhe und lassen sie fallen, an der Rampe drehen sie sich um und tanzen zurück, während sich der Vorhang langsam senkt.

Sooft es meine Zeit erlaubt, sagt Herr Coly, als wir in seiner Wohnung angelangt sind, gehe ich ins Theater und schaue mir die Tänze an. Ich war als junger Mann bei einer Tanzgruppe und habe oft den Bigolo gespielt; später gründete ich eine eigene Theatergruppe, ich wurde mit ihr in alle größeren Städte des francophonen Afrika eingeladen, der Bigolo erregte überall die höchste Begeisterung ... Wieso haben Sie das Theaterspielen aufgegeben? ... Ein alter Schauspieler ist lächerlich, ich lasse schon lange die Jungen spielen. Jetzt versuche ich, natürlich nicht nur durch das Theater, ein bißchen Nationalbewußtsein unter die Bevölkerung zu bringen, ein paar historische Fakten zu vermitteln und die Landflucht zu unterbinden. Aber was wir auch tun, die Landflucht ist nicht aufzuhalten. Jeder gibt zu, daß sie schädlich ist und unser Sozialgefüge ruiniert, wer aber vom Land in die Stadt geht, rechtfertigt sich, ich bin ja nur einer, auf mich wird es nicht ankommen – nur daß die Einen zusammen viele ausmachen ... Es ist wie mit den Autos, jeder jammert, daß sie, in diesen Massen! die Umwelt schädigen, aber niemand will verzichten ... Die Menschen sind auf der ganzen Welt gleich, keiner sieht ein, warum ausgerechnet er an das Gemeinwohl denken soll, wenn es doch die anderen alle nicht tun ... Ich blicke auf Joseph, der mir tausendmal erklärt hat, daß es bei den Negro-Afrikanern keinen Egoismus gibt; er hat anscheinend nicht zugehört, er ist mit meinem Sohn in ein Gespräch vertieft, ... ich möchte es auch so können wie die Trommler im Theater, sagt der gerade; ich weiß, daß er jeden anfleht, ihm das Trommeln beizubringen ... Die negativen Auswirkungen der Landflucht, fährt Coly fort, machen sich hauptsächlich in den Städten bemerkbar, dort entsteht ein apathisches Proletariat, Leute, die beim besten Willen nicht mehr wissen, wozu sie leben; auf dem Land werden genug Kinder geboren, so daß der Wegzug so vieler junger Leute einigermaßen verschmerzt werden kann, außerdem verbessern wir ständig die Bewirtschaftungsmethoden und senken dadurch die Zahl der erforderlichen Arbeitskräfte. Ich selbst bin als ganz junger Mensch in die Stadt gekommen, als Kind fast noch. Und obwohl ich sicher nie wieder auf dem Land leben werde, habe ich eine unstillbare Sehnsucht danach. Unstillbar. Die Sehnsucht schweigt nicht; nicht, wenn ich hier in der Stadt, aber auch nicht, wenn ich auf dem Lande bin, um meine Verwandten zu besuchen.

Es ist nicht mehr das Land meiner Kindheit; das Land, das meine Erinnerung mir zaubert, es hat sich verändert, auch ich habe mich verändert, ich könnte mich ins Landleben, wie es jetzt ist, nicht mehr fügen, ein gutes Vorbild bin ich nicht, trotzdem beschwöre ich alle stadtwilligen Vettern und Neffen, bleibt, behaltet eure Art und bleibt auf dem Land, ihr wißt nicht, wie gut ihr es habt ... Der Ministerialbeamte lebt in einem luxuriös in französischem Stil eingerichteten Haus, sein Diener serviert uns die Cocktails auf kleinen gläsernen Beistelltischen; Coly geht herum und lächelt uns alle an, er ist sehr schön in seinem maisgelben Seidenanzug, dessen heller warmer Glanz vom Büffelleder des Sessels, in dem er sich nun niederläßt, noch gehoben wird. Coly schwenkt, darauf niederblickend, die Eiswürfel in seinem Glas langsam hin und her. Ohne getrunken zu haben, stellt er seinen Cocktail neben sich auf das Tischchen und steht auf. Er holt eine Trommel. Während er trommelt, verwandelt sich sein weltmännisches Lächeln in das eines ländlichen Hirten, eines schwarzen Gottes.

Mir fällt jeder Abschied schwer. Wo ich auch bin, mir fällt jeder Abschied schwer. Jeder Ort, von dem ich mich entferne, birgt ein Geheimnis, in das ich noch nicht eingedrungen bin, und obwohl ich weiß, daß ich es auch bei längerem Aufenthalt nicht ergründet hätte, schmerzt es mich, daß mir der Abschied die Möglichkeit dazu nimmt. Auch hätte jede Person, die ich verlassen habe, noch hundert Varianten geboten, sie zu heben und von ihr geliebt zu werden, aber natürlich wären auch bei längerem Zusammensein Liebe und Freundschaft in den meisten Fällen bloße Möglichkeiten geblieben und ich hätte mich an diesen Zustand gewöhnt. Trotzdem ist jeder Abschied ein brutales Zerhacken von Wurzeln, die ich schon in die Geheimnisse von Ländern und Menschen getrieben hatte, wenn auch nicht tief.

Die Augen, die nicht mehr sehen können, was sie gesehen haben, fühlen sich beraubt. Es ist Raub, wenn man ihnen alles wegzieht, was sie vor sich haben. Es ist wahr, man stellt ihnen etwas anderes dafür hin und sie werden es gleichfalls lieben. Aber auch die neue Landschaft, die neuen Menschen, wird man ihnen wegziehen, wieder wird es Raub sein. Eines Tages wird ihnen alles weggezogen werden, das ganze Leben, für sie ist es gewiß der allerfurchtbarste

Augenblick, dann schließen sie sich für immer. Wer weiß, wie lange sie danach noch alles Gesehene ins tote Hirn spiegeln, ins tote Herz. Aber ist es für die Augen nicht schon schrecklich genug, zu wissen, daß sie etwas nie wieder sehen werden, auch wenn sie sich noch nicht für immer schließen? Sie versuchen oft verzweifelt, das nicht mehr zu Sehende ins lebende Hirn, ins lebende zuckende Herz zu spiegeln. Das Herz: eine vergrößerte Netzhaut, das Hirn: auch eine vergrößerte Netzhaut. Immer mehr Bilder legen sich übereinander, die alten verblassen. Einmal, später, wird nichts mehr wehtun, nichts, was man gesehen hat und nun nicht mehr sieht, nicht mehr die Vogelschwärme im Herbst, nicht mehr die zarten Blätter, die ein Windhauch so leicht in den Himmel wehen kann, nicht mehr der letzte Spaziergang vor der Trennung vom Geliebten, es wird nicht mehr wehtun, es wird schon zu lange her gewesen sein.

Die Liebe ist eine Verletzung und die conjunctio ist ihr remedium; ohne die conjunctio bleibt die Liebe eine Wunde, die nur die Zeit heilen kann. Oder die conjunctio ist eine Wunde und die Liebe ihr remedium, ohne Liebe bleibt die conjunctio eine Wunde, die nur die Zeit heilen kann. Verletzte möchten geheilt werden, das ist selbstverständlich, aber es ist nicht die Zeit, die sie sich als Heilerin wünschen. Manche sagen zwar, romantische Liebe sei keine Verletzung. Meine Wolke, du bist so hoch am Himmel und so weiß, seufzt der Liebende, du ziehst weg und löst dich sogar auf; ich werde dich trotzdem immer lieben. Unio mystica. Und manche sagen, die pure conjunctio ist keine Wunde, sie ist ein herrliches Vergessen, unio mystica desgleichen, ein Wegtauchen aus der Zeit, wenn auch nur kurz, und jeder Mensch wird doch immer und immer wünschen, außerhalb der Zeit zu sein. Möglich, möglich, aber ich liebe ein Land und bin nicht dort; meine Liebe ist eine Wunde, und ein kurzes Wegtauchen aus der Zeit, irgendwo, hilft mir nicht.

In den verdunkelten Wäldern
die Jagdhörner brüllen, gnadenlos kreischend
über verfluchen Tamtams.
Schwarze Nacht, schwarze Nacht.

Die Milch ist sauer geworden
in den Kalebassen,
der Brei ist hart geworden
in den Gefäßen,
die Angst geht, die Angst kommt,
schwarze Nacht, schwarze Nacht.

Die Kienspäne, die man entzündet,
werfen ihren Schein
ohne Kraft, ohne Glanz
in die Luft,
die Kienspäne rauchen,
schwarze Nacht, schwarze Nacht.

Überraschte Winde
streichen herum und seufzen
und murmeln vergessene Wörter,
Wörter, die beben,
schwarze Nacht, schwarze Nacht.

Nicht vom erkalteten Körper der Hühner,
noch vom warmen Leichnam, der sich noch rührt,
ist mehr ein Tropfen geflossen,
weder schwarzen Blutes, weder roten Blutes,
schwarze Nacht, schwarze Nacht.

Die Jagdhörner brüllen, gnadenlos kreischend
über verfluchten Tamtams.
Schwarze Nacht, schwarze Nacht.

Angstvoll weint der verwaiste Bach
und ruft
das Volk seiner erloschenen Ufer,
irrend ohne Ende, irrend vergeblich,
schwarze Nacht, schwarze Nacht.

Und in der Savanne ohne Seele,
verwüstet vom Atem der Alten
heulen die Hörner, kreischend ohne Gnade
über verfluchten Tamtams,
schwarze Nacht, schwarze Nacht.

Die Bäume, unruhig
vom Saft, der gerinnt,
in den Blättern, im Stamm,
können nicht mehr die Alten bitten,
die sie so oft besuchten,
schwarze Nacht, schwarze Nacht.

In der Hütte, wo die Angst wiederkommt,
in der Luft, wo der Kienspan erlischt,
auf dem verwaisten Fluß,
in dem Wald ohne Seele, so müde,
auf den entfärbten, unruhigen Bäumen
in den verdunkelten Wäldern
heulen die Homer, gnadenlos kreischend
über verfluchten Tamtams,
schwarze Nacht, schwarze Nacht.

Wie kann Europa jemals, jemals dem Vorwurf entgehen, Afrika in eine hoffnungslose Traurigkeit gestürzt zu haben? Früher war es lachend, viril, kriegerisch, großherzig, so sagt der schwarze Dichter. Heute – ach heute! Der Dichter war lange im Ausland, er ist Diplomat. Aber jetzt streift er durch den Busch, er trifft einen Hirten, der schlägt langsam die Augen auf und der Dichter fällt mitten hinein in das alte Afrika und seine namenlosen niemals lösbaren Rätsel. Wie aus zwei schwarzen Brunnen steigt aus den Augen des Hirten die alte ungebändigte afrikanische Freude auf und dem Dichter wird bewußt, wie sehr er sich nach ihr gesehnt hat, er lächelt dem Hirten zu; dem gehen die Lippen auseinander und seine weißen Zähne blitzen auch die afrikanische Freude. Der Dichter weiß auf einmal, daß der Palmwein menschlich ist und daß Whiskey und Bier unmenschlich sind. Warum trinkt er Whiskey, warum denn nur? Er kann es jetzt nicht begreifen. Warum setzt er sich mit Europäern zusammen, die immer alles besser wissen und es zustande bringen, die afrikanische Freude zu verderben und sich sogar untereinander jedes aufblühende Glück hämisch zertrampeln. Freut sich der eine, daß er in Italien war, muß ihn der andere übertrumpfen, ich war in Mexiko, was ist schon Italien dagegen, und sagt der eine, ein kniffliges Problem, aber ich habe es gelöst, widerspricht der andere, mein Lieber, das ist keine Lösung, glauben Sie mir. Er setzt dem Ersten die zu erwartenden nachteiligen Folgen seines Handelns auseinander und rechnet ihm vor, was er hätte machen sollen und warum; danach zählt er ihm seine eigenen Leistungen auf und bringt seine geistige Überlegenheit zum Ausdruck. Geistige Überlegenheit! Der Dichter kann an der Besserwisserei keine geistige Überlegenheit finden; und wenn es sie gibt, was ist sie gegen das Lächeln des schwarzen Hirten, wozu schrumpft sie angesichts des schwarzen Lächelns, was bleibt von ihr? Etwas sehr Verdünntes, Schales, geruchloses. Die geistige Überlegenheit ist nur noch ein in tausend Wässerchen gelöster Destillationsrückstand einstiger Weisheiten, die fragenlos übernommen, die von irgendwoher angeschwemmt worden sind, aus der Vergangenheit, aus fremden Ländern, woher auch immer. Die geistige Überlegenheit ist ein dünner, in hundert Ideologien geschwenkter Rückstand, eine Rechtfertigung gedankenlosen Lebens, verdünnt und doch so ätzend, schal und doch so hämisch, geruchlos und doch voll heimtückischer Todeskeime, freudetötend; dagegen das schwarze Lächeln, unverdünnt und doch so milde, voll Würze und Kraft und doch so weich, Leben verheißend, Ahnenweisheit wortlos. Und er selbst, der Dichter, wie steht es mit ihm? Er redet von der Hütte und vom Kienspan und vom Brei, aber er mag keinen Brei und ein Kienspan macht ihn nervös, er hat eine moderne Wohnung von kühler Eleganz mit zwanzig weißen, überhellen Lampen, und in der Küche alles, um ein Galadiner für zwölf Personen bereiten zu können und als Gesandter muß er das alles haben. Man hat ihn zwar eben seines Postens enthoben und jetzt ist er beleidigt und will keinen Menschen sehen, deshalb verkriecht er sich im Busch. Er fährt mit dem Auto in die Wildnis und geht auf die Jagd, der Busch ist still und der Dichter hat Zeit, nachzudenken; er nimmt sich vor, nicht mehr zu rauchen und keinen Kaffee mehr zu trinken. Warum keinen Kaffee, Kaffee ist ein afrikanisches Gewächs? Aber die Buschleute im Senegal trinken keinen Kaffee. Er wird zu dem kraushaarigen Landmädchen sagen, willst du mit mir schlafen, meine Schöne? Du bist schön, afrikanische Frau, an deren Brüsten ich die afrikanische Erde spüre, zu welcher ich zurückgehen will, zurück, zurück, zurück, tausend Jahre blind zurück, bis ich in ein schwarzes Königreich komme, von Gold so schwer – wenn er doch so sprechen könnte! Wenn er so spräche zu dem Landmädchen mit den schönen Augen, ebenholzschwarze Königin? Nein, er spricht nicht so, er lächelt sie bloß an und sie lächelt schüchtern zurück, ein bißchen verlegen, ein bißchen geschmeichelt. Er ist der Dichter des Vorbei, er weiß es, alles, was er besingt, ist dem Untergang geweiht oder schon untergegangen. Aber wenn er das Vorbei Vorbei in seinen Gedichten herauf beschwört, dann ist es, als wäre es wirklich noch da, als sei alles noch wie früher und fast schöner, weil Unedles abgefallen ist, im Vergessen verschwunden; vergessen der Tod durch Magierhand, die Vernichtung der Ernten durch scheelsüchtige Geister, die entsetzlichen Krankheiten, die Angst vor den bösen Sternen. Zauber will er wohl dichten, aber keinen bösen. Sein Gedicht soll sein wie zwei weiche Hände, die sich vor ein Gesicht schieben: wenn sie den Blick wieder freigeben, soll er auf ein schön-verzaubertes Land fallen, er soll schweifen dürfen, der entzückte Blick über ein Land grün grün grün mit versteckten Hütten und glücklichen Menschen. Der Dichter hat Zeit nachzudenken; die Traurigkeit rüttelt ihn wild: vorbei. Traurig also muß ein Gedicht sein und eine schmerzliche Frage stellen: warum haben wir unsere Eigenart aufgegeben, unser schönes, herrliches Leben im Busch? Ja, ein Gedicht muß diese Frage stellen, aber dem Dichter tut es nicht gut, daß er sie stellt, sie tut ihm weh, sie verwirrt sein Denken, spannt es fürchterlich an, bis es reißt, bis es in spröden Stücken von ihm abfällt und irgendwo ganz zersplittert. Zornig schlägt der Dichter mit dem Gewehr auf die lichtgrünen Zweige ein, was ihm bleibt, ist eine Empfindung, eine Flamme, die ihn ganz erfaßt, er brennt, er hat keinen Körper mehr, besteht nur aus Trauer. Der Dichter besteht aus der weißen Flamme der Trauer. Aber langsam erlischt die Glut, der Leib wird wieder fühlbar, schon flattern vereinzelte Gedanken heran wie kleine gläserne Schmetterlinge. Die schwarzen Afrikaner sind Menschen des Gefühls, Berechnung liegt ihnen nicht. Plötzlich haßt der Dichter und findet niederträchtig, was er selbst so oft gesagt hat, nämlich, daß er sich Chancen ausrechne; er hat sich mit dem Staatspräsidenten gut gestellt, weil er empfohlen werden wollte, er wurde es; er hat sich den Franzosen angedient, weil er Förderung erhoffte; sie wurde ihm zuteil. Er war zeitlebens ein Rechner und die Rechnerei hat ihn hoch hinaufgeführt. Er denkt jetzt mit Abscheu daran, aber er muß solche Gedanken wegschieben; es ist falsch, wenn ein Dichter sich selbst als Gegenstand seines Denkens wählt. Er selbst, seine greifbare Wirklichkeit ist im Grunde für ihn etwas Irreales. Seine Stellung in der Welt befremdet ihn so sehr, ist ihm so wenig gemäß, daß er sie eigentlich nur von außen sieht. Er wollte diese hohe Stufe erklimmen, um sich das Dichten und die Verbreitung seiner Gedichte zu erleichtern. Er ist nicht unzufrieden, aber er wohnt nicht auf dem von ihm errungenen Platz, er wohnt in seinen Träumen. Seine Wirklichkeit ist keine Wohnung für ihn, er beachtet sie meistens nicht, er stößt nur dann auf sie, wenn andere ihn auf sie aufmerksam machen und den Platz genau bezeichnen, auf dem er steht. Sie glauben allen Ernstes, er befinde sich auf diesem Platz, welch trügerischer Anschein; es ist nur seine Haut, er selbst ist wo anders, er hat keinen Platz, er ist etwas Schweifendes, Schwebendes, das sich nirgends halten kann und will; er ärgert sich, wenn andere Leute Eigenschaften an ihm entdecken; er hat keine Eigenschaften und mag keine haben; er möchte nur Spiegel sein, für Trauriges, Lustiges, Schönes, für Wünsche, ja, besonders für Wünsche. Wünsche sind das Ehrlichste am Menschen; ein Zauberspiegel möchte er sein. Zauber ist alles. Zauber ist das einzig Wichtige auf der Welt. Negritude;das ist Zauberei, es ist das gleitende Schwinden der Sinne, das Hinübergehen können ins Nicht-Dasein und es ist das Zurückkommen ins Dasein mit der Erfahrung des Nicht-Daseins und das Wissen, jederzeit hinaustreten zu können aus der Wirklichkeit in ein Nicht-Land, eine Nicht-Zeit. Die Negritude fordert nicht: halte deine Sinne zusammen, sondern: verschwende sie; sie sagt nicht, bleib bei klarem Verstand. Bleib bei klarem Verstand – was für sadistischer Befehl. Rase, wenn dir danach zumute ist, träume, wenn ein Traum dich tröstet. Der klare Verstand, die Vernunft, ist nichts anderes als Egoismus, der Dichter haßt ihn, der indessen auch ihn geleitet hat. Was für Idioten sind wir doch, sagt er jetzt, wir Neger, daß wir uns das Paradies mit dem klaren Verstand verrammeln, den uns die Weißen als nützlich einreden wollen; nein, ich werde ihm niemals, niemals das Wort reden, und niemals dem, was aus dem Egoismus folgt: Verwandlung der grünen Erde in eine graue Wüste aus Stein.

Aber er ist der Dichter des Vorbei, er weiß es. Man kann ihm vorwerfen, daß er zwar der Dichter der Negritude und der Vergangenheit ist, aber sein Leben nach modernen Grundsätzen geführt hat, er hat seine Karriere verfolgt und Reichtum angestrebt. Augenblicklich hat er keine Gesandtenstelle inne, aber das hat politische Gründe, es hat nichts mit seinen Wünschen zu tun, seine Diplomatenlaufbahn ist nur unterbrochen, nicht beendet, denn die politische Situation wird sich ändern. Der Dichter wird, wie schon vorher, alles tun, um sein Land aus der Rückständigkeit herauszuführen. Aber besingen kann er den Fortschritt nicht. Er lebt in zwei Welten. Er ist gespalten, er ist der Dichter des Vorbei.

Harte Hände
kratzen und graben die rauhe Erde,
rauhe Hände, harte Erde,
  hart, rauh,
    rauh, hart.

Zärtlichkeit erfreut dich,
Arbeit besänftigt dich,
harte Erde, rauhe Erde,
Zärtlichkeit harter Hände,
Arbeit rauher Hände,
  rauh, hart,
    hart, rauh.

Rauhe Hände
streicheln und liebkosen harte Lenden,
rauhe Hände, harte Lenden,
  rauh, hart,
    hart, rauh.

Zärtlichkeit erfreut dich,
Streicheln besänftigt dich,
schwarzes Mädchen mit harten Brüsten,
Zärtlichkeit rauher Hände,
Streicheln harter Hände,
  hart, rauh,
    rauh, hart.

Dann zu Paaren
vereinen die Körper sich biegsam,
  Paare biegsam,
    biegsame Paare.

Auf der rauhen Erde,
auf der harten Erde,
Zärtlichkeit erfreut dich,
Liebe besänftigt dich,
harte Erde, rauhe Erde,
Zärtlichkeit harter Lenden,
Zärtlichkeit rauher Hände,
  rauh, hart,
    hart, rauh.

Das Anfangs- und das Endgedicht dieses Abschnitts sind von Birago Diop (übers. v. mir)